RICHTIG MALEN MIT

AQUARELLFARBEN

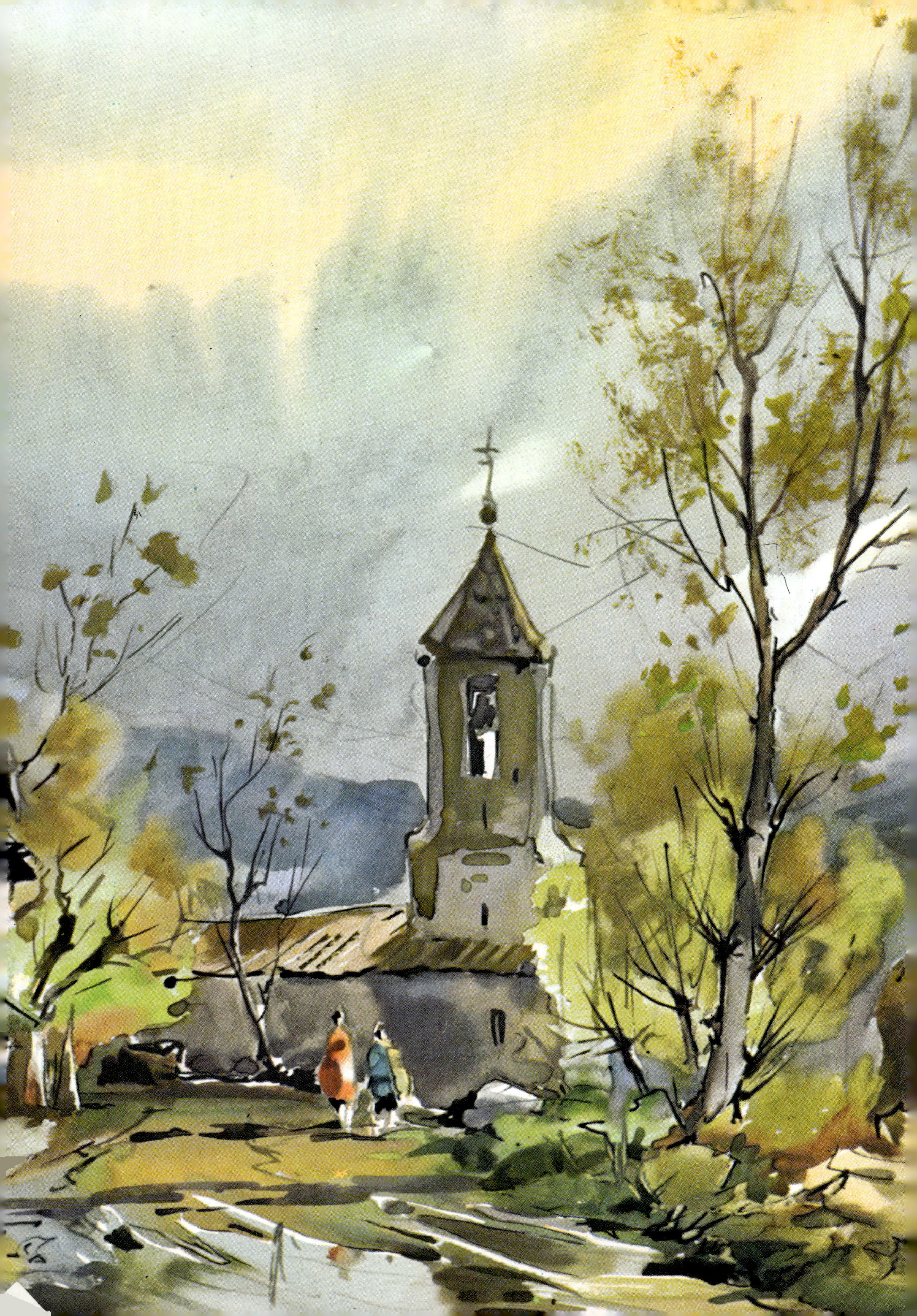

RICHTIG MALEN MIT AQUARELLFARBEN

JOSE M. PARRAMON / G. FRESQUET

Aus dem Französischen übertragen von
Christa L. Cordes

EDITION
MICHAEL FISCHER

Titel der Originalausgabe: „Cómo pintar a la acuarela"
Aus dem Französischen übertragen von Christa L. Cordes

12. völlig überarbeitete Auflage 1991

Printed in Barcelona, Spain

Register Book number: 785
Legal Deposit: B-18.088-91
ISBN 3-924433-00-3

Einbandzeichnung und Innenillustrationen:
Guillermo Fresquet

INHALTSVERZEICHNIS

WANN UND WIE

Um die Mitte des 18. Jahrhunderts entdeckten die Engländer Rom. Damals begann König Georg II. aus dem Hause Hannover, England gerade von einem Agrarland in eine Industrie- und Handelsnation zu verwandeln. Fabriken ersetzten die Familienunternehmen, und dem Handel erschlossen sich außerhalb der Insel und in den Kolonien neue Märkte. Hunderte von Händlern, Industriellen, Intellektuellen und Aristokraten überquerten den Ärmelkanal und besuchten den alten Kontinent.

Kleine Geschichte der Aquarellmalerei.

Reisen wurde zu einer Mode.

Der Weg nach Rom führte zwangsläufig über Frankreich, die Schweiz und durch halb Italien. Wer zur Londoner Gesellschaft gehören wollte, mußte erzählen können, daß er Rom kannte und das Kolosseum, den Titusbogen und die Thermen von Caracalla mit eigenen Augen gesehen hatte.

Es war das Jahrhundert der großen Reisen. Ganz Europa richtete die Augen nach Rom und Athen. Die gesamte Kunst, die Malerei, die Bildhauerei und die Architektur nährte sich an den Quellen der Klassik und der Antike und schuf die äußeren Formen der griechisch-hellenistischen und der römischen Kunst nach. Es war die Epoche der sogenannten neoklassizistischen Bewegung.

Es geschah im 18. Jahrhundert während der neoklassizistischen Bewegung.

Die Entdeckung Roms durch die Engländer beeinflußte den Geschmack der privilegierten Schichten erheblich. Auf ihren Reisen nach Italien und bei einem Zwischenaufenthalt in Paris konnten die Engländer zum Beispiel die Landschaftsbilder so berühmter Künstler wie Nicolas Poussin und Claude Lorrain betrachten, die als erste auf einer Staffelei unter freiem Himmel direkt nach der Natur gemalt hatten. Poussins und Lorrains neue Arbeitsweise und die Originalität ihrer Themen faszinierten die Engländer als große Naturliebhaber außerordentlich. Beide Maler hatten während des Neoklassizismus des 17. Jahrhunderts Bilder gemalt, in denen als wichtige Motive stets Ruinen oder Gebäude der römischen Antike auftauchten. (Poussin und Lorrain gingen mit achtundzwanzig bzw. siebenundzwanzig Jahren nach Rom und lebten dort bis zu ihrem Tod. Eine solche Anziehungskraft besaß Rom damals.)

Poussin und Lorrain, die ersten Landschaftsmaler.

Der Einfluß der antiken Formen auf die Malerei, die Bildhauerei und die französische, die schweizerische und die italienische Kultur, die Neuheit, Landschaften unter freiem Himmel zu malen, die Thematik der Landschaften mit den antiken Ruinen, die Vorliebe der Engländer für die Natur – all das trug dazu bei, daß die englischen Reisenden beim Verlassen Roms ein Erinnerungsbild, ein Gemälde oder eine Skizze der Ewigen Stadt mit nach Hause nehmen wollten.

Vorliebe für Landschaften mit antiken Ruinen.

Anfänglich bestellten sie derartige Bilder bei italienischen Künstlern. Doch nachdem diese die große Nachfrage nicht mehr befriedigen konnten, ließen

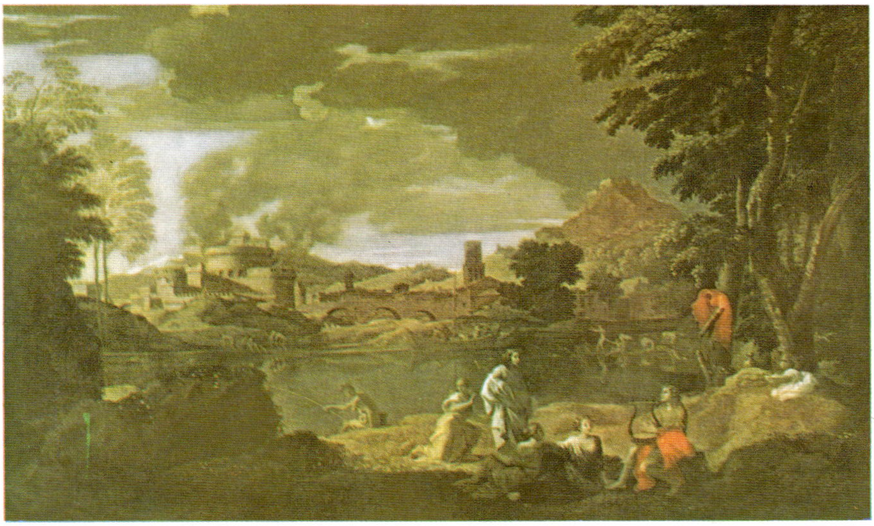

1

Der Klassizismus des 17. Jahrhunderts ist durch so bekannte Maler wie Nicolas Poussin (oben) und Claude Lorrain (unten) gekennzeichnet, die vor allem mythologische Themen und antike Ruinen in schwelgerischen Farben darstellten.

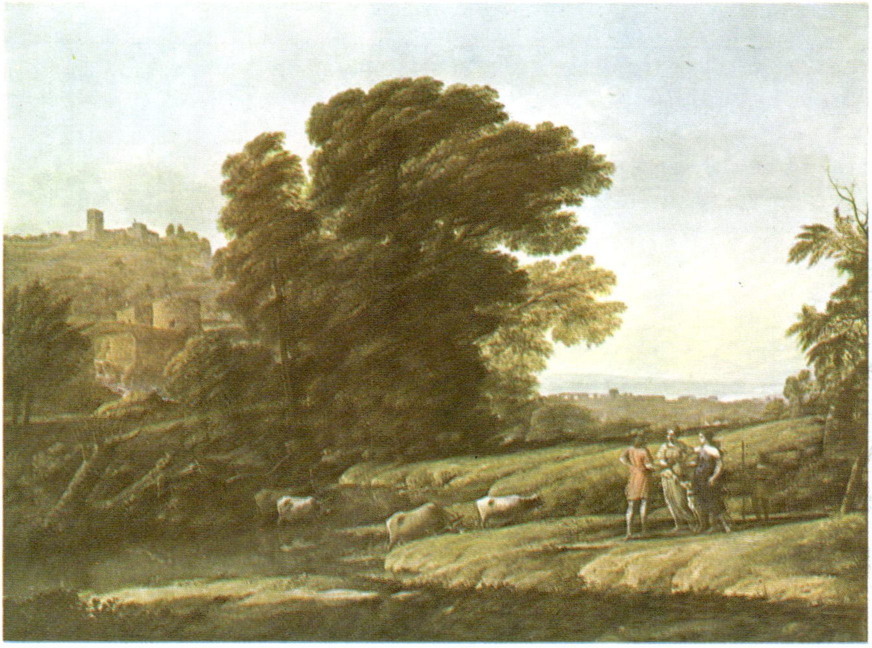

2

die Engländer große Drucke von den alten Stätten herstellen. Diese wurden von ausgezeichneten Kupferplatten in einer einzigen Farbe, nämlich in Schwarz, gezogen.
Die englischen Drucke erlangten Berühmtheit und kamen rasch im ganzen Vereinigten Königreich in Mode.

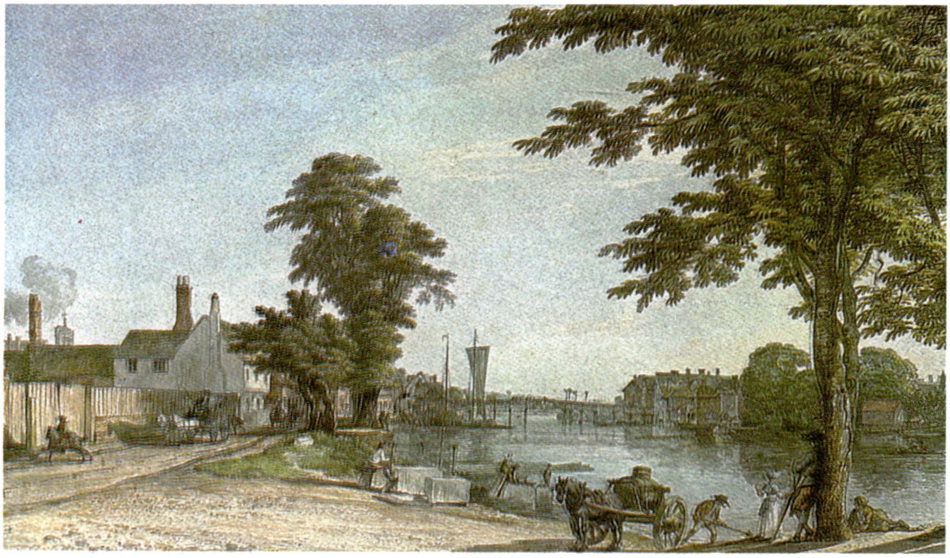

3

Landschaft, Paul Sandby, British Museum. Paul Sandby (1725-1809) wird in England als der „Vater des Aquarells" angesehen.

Schon bald kolorierte man die Reproduktionen von Hand mit leichten, transparenten Farben nach, und es kam der Augenblick, daß die Drucke eher Gemälden als Zeichnungen glichen. Allerdings unterwarf man sich hinsichtlich der Anzahl der Farben einer gewissen Beschränkung. Für die Handkolorierung der in Serie hergestellten Drucke wurden höchstens fünf Farben verwendet. Erst Ende des Jahrhunderts kam der junge englische Maler Joseph Mallord William Turner auf den Gedanken, die gesamte Palette der transparenten Farben zu benutzen und sich dabei nicht auf einen schwarzen Druck zu stützen, sondern sein Bild auf einer Bleistiftzeichnung aufzubauen. Die Aquarellmalerei war geboren.

Erste Aquarelle: kolorierte Kupferstiche.

Der Genauigkeit halber sei hinzugefügt, daß auch schon Maler der Renaissance und des Barock mit dem Kolorieren von Zeichnungen mit transparenter Tinte experimentiert haben. Ein berühmtes Beispiel dafür sind Rembrandts Federzeichnungen mit zwei unterschiedlichen Tinten, bei denen die farbige (in der Regel Sepia) mit Wasser verdünnt und mit dem Pinsel aufgetragen wurde, um die Körperform zu unterstreichen. Das Aquarell ist vermutlich eine Weiterführung dieser Art von Zeichnung, die in der Fachsprache Lavierung genannt wird. Fragonard und Moreau der Jüngere versuchten, diese Form wieder aufleben zu lassen. Aber aus historischer und künstlerischer Sicht sind die Engländer und hier insbesondere Joseph Mallord William Turner die eigentlichen Urheber der Aquarellmalerei.

Die Lavierungen der Renaissance und des Barock: erste Schritte zum heutigen Aquarell.

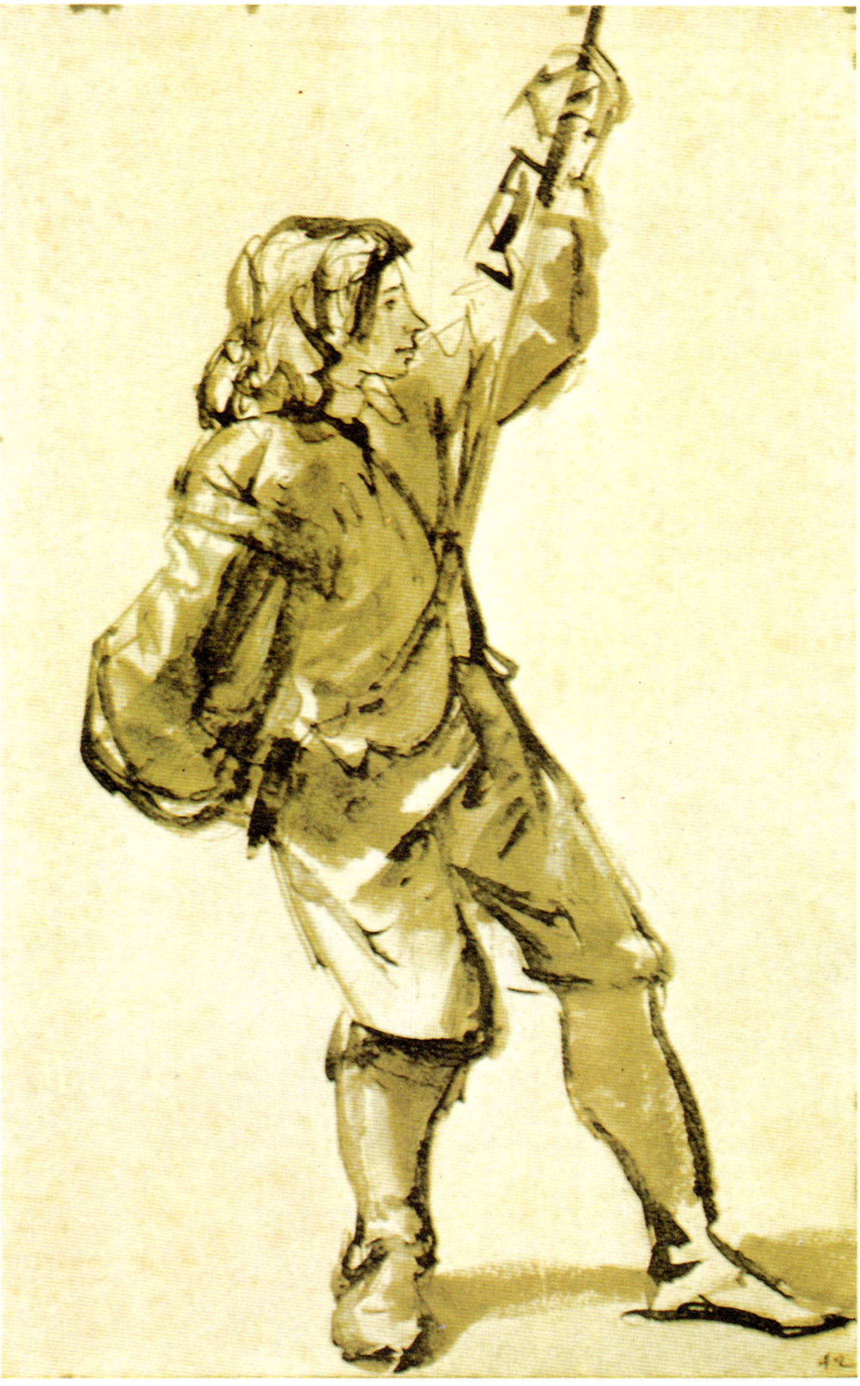

4

Rembrandt, *Studie einer Gestalt,* Rijksmuseum, Amsterdam.

Die neue Maltechnik konnte keinen besseren Förderer bekommen als William Turner. Der schon mit vierundzwanzig Jahren berühmte und einstimmig in die Königliche Akademie der Schönen Künste aufgenommene herausragende Landschaftsmaler wird heute als unmittelbarer Vorläufer der französischen Impressionisten betrachtet und gilt als einer der größten Maler Englands. Er schuf eine große Anzahl von Werken sowohl in Öl- als auch in Aquarellmalerei und gilt als Neuerer und außergewöhnlicher Meister der Aquarelltechnik, die von allen Künstlern seiner Zeit wie Paul Dandy, Alexandre Cozens, Constable, de Wint, Cotman etc. anerkannt und übernommen wurde. Dank des hervorragenden Beispiels machten Turner und seine Zeitgenossen die Aquarellmalerei zur bevorzugten Technik der Engländer.

William Turner.

Ende des 19. Jahrhunderts geriet die Aquarellmalerei – vermutlich, weil sie versucht hatte, mit der Ölmalerei gleichzuziehen oder sie zu übertrumpfen – in Vergessenheit. In den Zwanziger Jahren unseres Jahrhunderts tauchte sie jedoch wieder auf und nahm als eigenständige Maltechnik eine beherrschende Stellung ein.

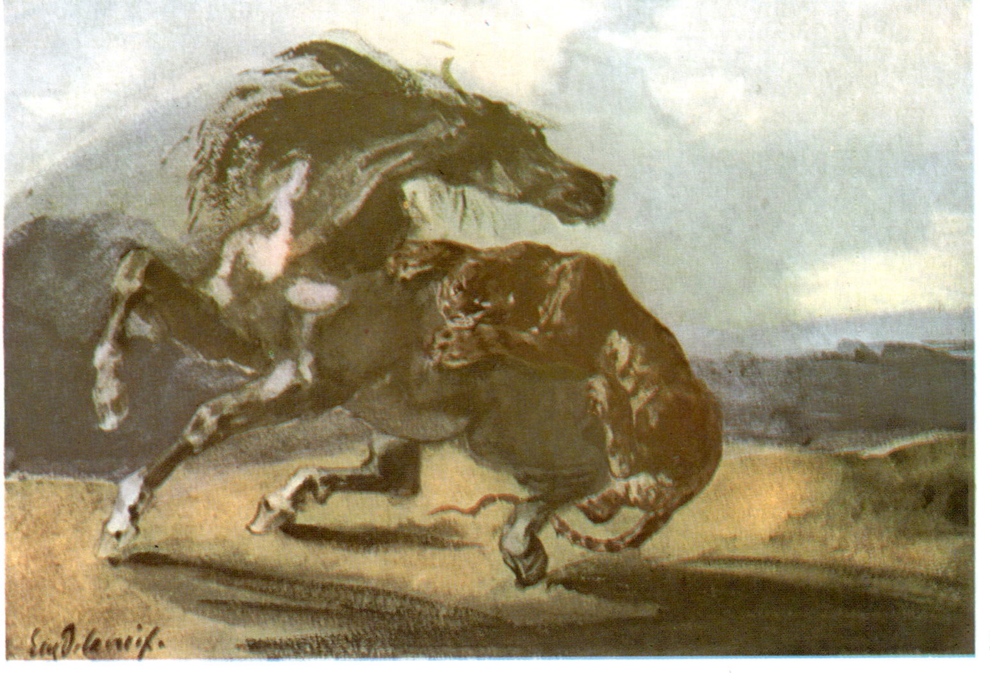

5

Eugène Delacroix, Panther greift ein Pferd an. Paris, Louvre.

ALLGEMEINE MERKMALE DER LAVIERUNG

Die Lavierung gilt als Zeichnung, weil sie einfarbig ist, also mit Hilfe einer einzigen Farbe in deren gesamter Skala vom hellsten Wert über den mittleren und dunklen hergestellt wird. Man betrachtet sie aber auch als Malerei, da sie trotz des monochromen Charakters mit einem Pinsel angelegt wird, einem Werkzeug also, das eher der Malerei als der Zeichnung zugeordnet wird. Manche behaupten auch, das monochrome Aquarell sei eine Tuschzeichnung, und wiederum andere vergleichen es mit der Gouache.
Sicher ist die Lavierung der Vorläufer des Aquarells. Wir haben ja bereits darauf hingewiesen, daß man die Aquarelltechnik nicht ohne vorherige Kenntnis und Praxis der Lavierung beherrschen kann. Aus diesem Grunde ist es nicht nur sinnvoll, sondern unabdingbar, das Studium mit einer praktischen Übung im Lavieren zu beginnen.
Vorab aber die Definition der Technik:

Beschreibung der Technik.

Die Lavierung ist ein künstlerisches Verfahren, bei dem eine Zeichnung oder eine Malerei aus einer einzigen, mit unterschiedlich viel Wasser gelösten Farbe hergestellt wird. Dadurch entstehen aufgrund der Transparenz der Farbe und dem Übereinanderlegen von Lasuren mit Hilfe des Weiß des Papiers die verschiedensten Farbwerte.

Was ist eine Lasur?

In der Malerei bedeutet "Lavieren" das Auftragen einer transparenten Farbe entweder direkt auf die Oberfläche – hier also das Papier – oder auf eine zweite Farbe, wodurch ein neuer Farbton entsteht oder der bereits existierende Farbwert verstärkt wird. Man kann die Lavierung unterschiedslos sowohl mit einer einzigen Aquarellfarbe als auch mit in Wasser gelöster Chinatusche herstellen. Beide Farben sind, mit Wasser verdünnt, transparent.

Normalerweise verwendete Farbe: Schwarz.

Im allgemeinen wird Schwarz als Farbe für eine Lavierung gewählt. Es lassen sich jedoch gerade unter künstlerischen Aspekten auch andere Farben wie Dunkelblau, ein dunkles Flaschengrün, Sienabraun etc. verwenden. In ihrer reinsten Form schließt die Lavierung Retuschen mit weißer Farbe aus.
Mit anderen Worten:
Bei der Lavierung wird das Weiß der Zeichnung durch die ausgesparte Fläche des Papiers erzielt.

Das Weiß wird durch die Farbe des Papiers vorgegeben.

Es versteht sich von selbst, daß das Wasser die Aufgabe hat, die Farbe zu lösen und abzuschwächen, um die Grautöne und deren Abstufungen zu erzielen. Bei Aquarellfarben läßt sich dafür Leitungswasser verwenden. Für Chinatusche benötigt man dagegen destilliertes oder abgekochtes Wasser.
Die Aquarellfarbe ist weicher als Chinatusche und ermöglicht daher eine wesentlich größere Abstufung, wie wir später bei den Übungen in dieser Technik noch feststellen werden.

Für die Lavierung: Leitungswasser, für Chinatusche: destilliertes Wasser.

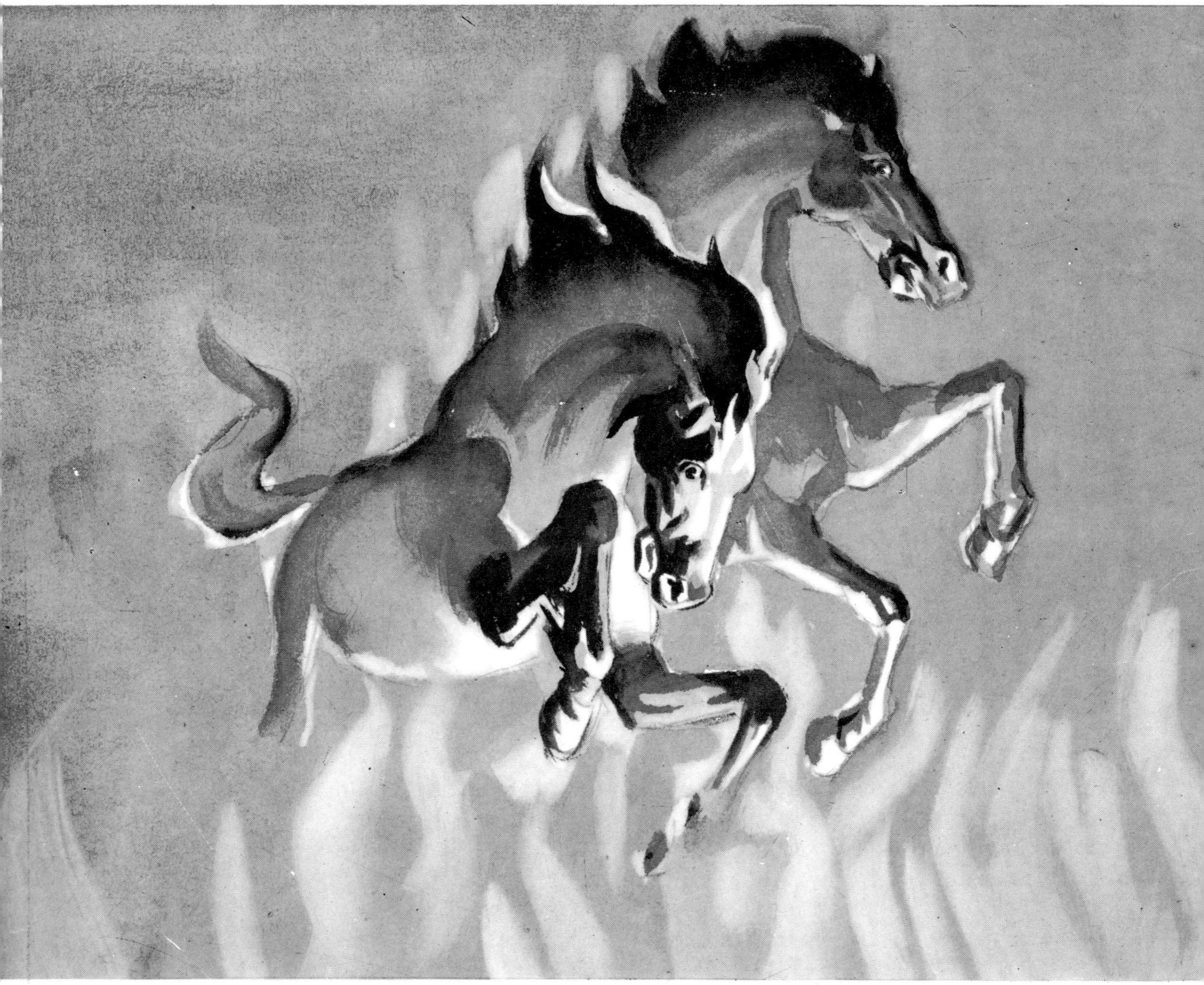

6

Die Verwendungsmöglichkeiten der Laviertechnik sind praktisch unbegrenzt. Sie wird sehr häufig in der Gebrauchs- und Werbegrafik eingesetzt, und zwar sowohl für die Anfertigung von Illustrationen für Zeitschriften als auch für Bilder oder Zeichnungen für Prospekte, Postkarten, Faltblätter oder Kataloge. Auf künstlerischem Gebiet verwendet man sie vielfach für Vorstudien von Gemälden — vor allem bei Porträts und Landschaftsdarstellungen —, von Fresken und sonstigen Wandmalereien.
Schließlich läßt sich sagen, daß die Laviertechnik einen obligatorischen Schritt auf dem Weg zur Beherrschung der Kunst der Aquarellmalerei, dem Ziel unseres Buches, darstellt.

Pinsel. Lavierungen werden im allgemeinen mit denselben Pinseln angefertigt wie Aquarelle. Die Pinsel bestehen aus Rotmarder - oder Rindsohrhaaren oder den Fasern der Mangostaude. Für die Lavierung genügen die drei Pinsel mit den Stärken Nr. 3, 8 und 12.

Papier. Lavierungen sollten auf Papier gehobener Qualität wie Canson oder Schöllershammer Torchon ausgeführt werden, das eine gewisse Stärke besitzt und sich bei Feuchtigkeit nicht verzieht. Die körnige Struktur muß eine gleichmäßige Grauabstufung und Schattierung ermöglichen. Sehr weiches und stark gestrichenes Papier mit einer glänzenden oder satinierten Oberfläche kann für Lavierungen nicht verwendet werden. Um unangenehme Überraschungen zu vermeiden, rate ich Ihnen, stets dasselbe Markenpapier zu kaufen, sobald Sie eines gefunden haben, das Sie zufriedenstellt.

Verwendung der Lavierung. Zusammenfassend läßt sich sagen, daß die Lavierung in künstlerischer Hinsicht in erster Linie für Vorstudien und Darstellungen von Landschaften und Personen geeignet ist. Insbesondere bei Lavierungen von Menschen oder deren Porträts erhält man mit Hilfe von Schwarz, Dunkelblau oder Sepia Zeichnungen von großer Qualität.
Von der Verwendung dieser Technik in der Werbe- und Gebrauchsgrafik war bereits die Rede.

TECHNIK UND ANWENDUNG

Wichtigster Bestandteil: Wasser. Wie beim Aquarell spielt Wasser auch bei der Lavierung eine wesentliche Rolle. Wir wissen bereits, daß man zum Lavieren nur eine einzige Farbe verwendet. Diese Farbe ist, frisch aus der Tube kommend, undurchsichtig und stark deckend. Wir müssen das Schwarz also mit Wasser verdünnen, um die ganze Palette der Grautöne zu erhalten, die von Schwarz bis zum Weiß des Papiers reicht. Je mehr Wasser man hinzufügt, desto weniger Farbe ist vorhanden; je mehr Wasser, desto größer also die Transparenz; je mehr Wasser, desto wichtiger wird das Weiß des Papiers und desto heller erscheint der angelegte Farbton.

Machen wir einen Versuch. Einverstanden? Man sagt nicht zu Unrecht, daß wer eine gleichmäßige graue Fläche mit Aquarellfarbe, Wasser und Pinsel anlegen kann, das Lavieren beherrscht. Ob das schwierig ist?

Urteilen Sie selbst...
Doch sprechen wir zuvor noch über das Material, das wir zur Herstellung einer Lavierung benötigen:

Ein oder zwei Wassergefäße
Einen kleinen Napf oder einen kleinen Dessertteller
Ein Blatt Papier als Palette
Ein oder zwei Pinsel (Nr. 3 und Nr. 12)
Ein sauberes Tuch
Löschpapier
Ein Zeichenbrett
Aquarellpapier

KURZE BESCHREIBUNG DES MATERIALS

Benutzen Sie ein relativ großes Wassergefäß. Sie können dafür ein Marmeladenglas mit weiter Öffnung (das ist wichtig) und einem Fassungsvermögen von einem Liter oder mehr, falls möglich, verwenden. Kunstmaler benutzen gewöhnlich zwei Gefäße, eines für die erste und eines für die zweite Wäsche, damit der Pinsel sauberer wird und sie das Wasser nicht zu oft zu wechseln brauchen.

Wassergefäße.

7

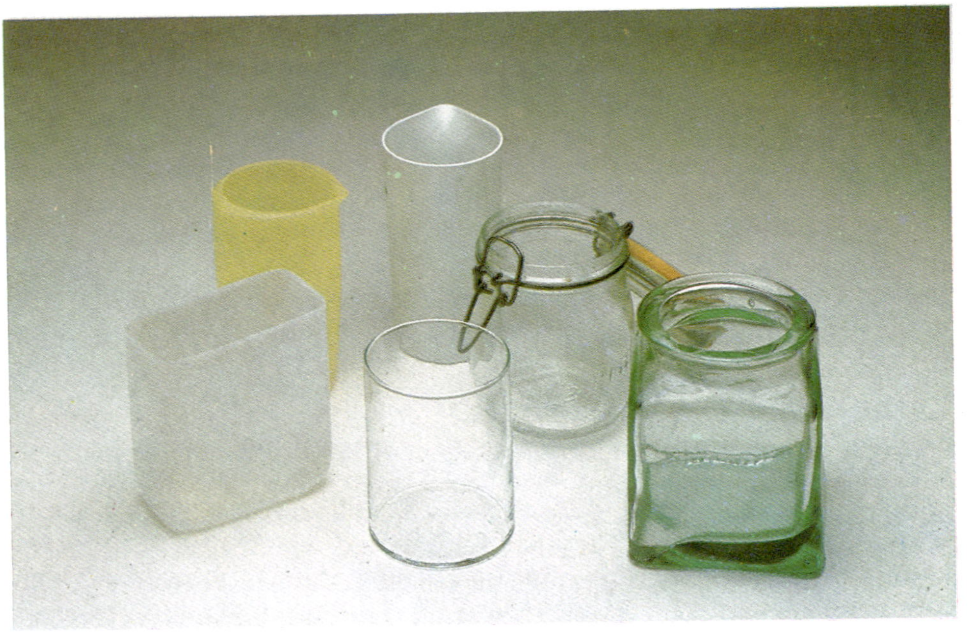

Abb. 7. Hier sehen Sie einige geeignete Wassergefäße. Die Gläser sind für das Atelier, die Plastikgefäße für die Arbeit im Freien bestimmt.

Palette.

Zum Auflösen der Farbe und Herstellen der Farbe-Wasser-Mischung verwenden Sie am besten ein oder mehrere Spezialnäpfchen aus Porzellan. Es gibt sie mit einer oder mehreren Vertiefungen. Sie können dafür auch die Fächer in den Palettkästen für Aquarellfarben benutzen. Oder Sie besorgen sich eine Spezialpalette für die Aquarellmalerei. Letzte Zuflucht bietet ein weißer Dessertteller aus Porzellan oder Steingut. Zahlreiche Berufskünstler – ich eingeschlossen – greifen gern zu einem Blatt Papier derselben Qualität wie das Zeichenpapier als Palette, auf dem sie gleichzeitig ihre Probestriche anfertigen können.

Ein Stück Papier als Palette.

Pinsel.

Normalerweise benutzt man zur Herstellung einer Lavierung nur einen einzigen Pinsel. Dieser sollte ziemlich stark sein, z.B. Nr. 12. Erst in der Endphase ersetzt man ihn durch einen feineren, um die Retuschen auszuführen.

Rolle Küchenpapier.

Wie wir noch feststellen werden, spielt das ständige Trocknen oder Absaugen der Farbe, um entweder die Töne auszugleichen und zu harmonisieren oder eine andere Wirkung zu erzielen, bei dieser Technik eine entscheidende Rolle. Das erfordert stets einen sauberen Pinsel. Eine große Hilfe ist dabei eine Rolle normales Küchenpapier.

Unterlage.

Die Lavierung kann auf einem Tisch oder einem Zeichenbrett hergestellt werden, vorausgesetzt, beide lassen sich schräg stellen. Da wir bekanntlich später Aquarelle malen wollen, die in derselben Technik hergestellt werden, rate ich Ihnen zu einem Zeichenbrett, dessen Neigungswinkel Sie nach Belieben verändern können.

Wir haben bereits die Qualitätsmerkmale des Aquarellpapiers erwähnt. Aber es bleibt noch ein wichtiger Punkt: Bevor wir mit der Arbeit beginnen, müssen wir prüfen, ob das feuchte Papier dazu neigt, sich zu verziehen, sich zu wellen oder aus einem sonstigen Grund nicht glatt bleibt. Dies ist nur von relativer Bedeutung, wenn es sich um eine künstlerische Arbeit handelt, die eingerahmt oder in einer Zeichenmappe verwahrt werden soll. Übrigens ist dieser Fehler auf dickem Papier kaum zu erkennen. Es kann jedoch wichtig werden, falls man die Illustration einem Kunden vorlegen muß, bei dem der Präsentationsfaktor (tadellose Arbeit und Sauberkeit des Papiers) manchmal bereits eine Vorentscheidung bewirkt. Nicht zuletzt aus diesem Grunde sollte man wissen, wie man das Papier richtig montiert und spannt.

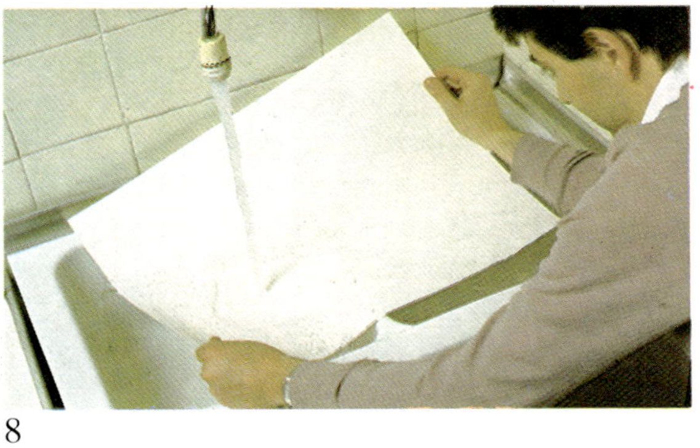

8

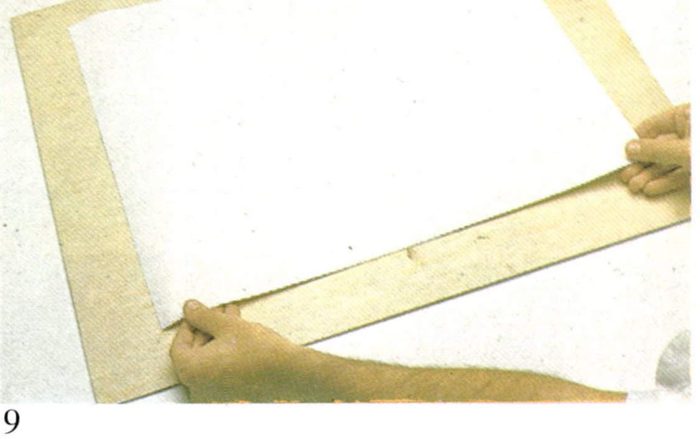

9

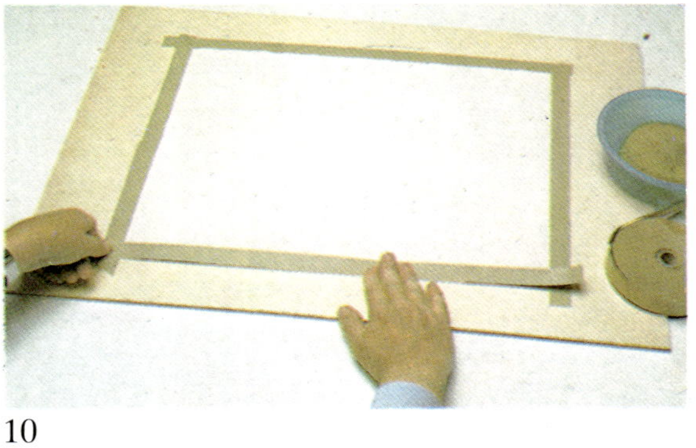

10

WIE MAN DAS PAPIER MONTIERT UND SPANNT, UM EIN VERZIEHEN DURCH FEUCHTIGKEIT ZU VERMEIDEN

Material: Außer dem Zeichenpapier benötigen wir ein Holzbrett (das auch das Zeichenbrett selbst sein kann) und ein ca. 3 cm breites Klebeband.

Abbildung 8: Wir beginnen damit, daß wir das Papier in einer Schüssel oder direkt unter fließendem Wasser anfeuchten. Es muß gründlich durchnäßt werden, darf aber nicht aufweichen. Gehen sie daher behutsam vor, und lassen Sie das Papier höchstens drei oder vier Minuten im Wasser. Ein längeres Wässern könnte der Bindung und damit der Faser und der Festigkeit des Papiers schaden.

Abbildung 9: Lassen Sie das Papier gut abtropfen, und legen Sie es auf das Zeichenbrett. Vergewissern Sie sich, daß es völlig flach liegt und sich nicht am Rand wellt.

Abbildung 10: Als letzter Schritt wird das Papier mit Hilfe von Klebestreifen auf dem Brett befestigt. Benutzen Sie dafür ein Klebeband von guter Qualität.

Der Rest ist eine Frage der Zeit. Warten Sie, bis das Zeichenpapier vollkommen trocken ist. Versuchen Sie nicht, diesen Prozeß zu beschleunigen, indem Sie das Papier in die Sonne oder in die Nähe eines Ofens legen. Am besten trocknet es, wenn Sie das Zeichenbrett flach auf einen Tisch legen; denn dann verläuft der Vorgang absolut gleichmäßig.

Warten Sie, bis das Papier von allein getrocknet ist.

Ist das Papier völlig trocken (das dauert fünf oder sechs Stunden!), ist es gespannt wie die Haut einer Trommel. Sie können es jetzt bemalen und befeuchten, soviel Sie wollen, es wird sich nicht verziehen. Natürlich lassen wir es beim Malen auf dem Brett. Ist das Bild fertig, lösen wir es mit einer Rasierklinge, indem wir die Ränder abschneiden. Bei der Berechnung der Papiergröße muß also der durch den Klebestreifen entfallende Teil berücksichtigt werden.

Die Theorie, auf die sich die Montage und Spannung des Papiers aufbaut, ist übrigens leicht verständlich. Befeuchtet man das Papier, dehnt es sich aus. Beim Trocknen zieht es sich wieder zusammen, wird aber durch die Klebestreifen gehalten und dadurch gespannt. Ein Verziehen ist unmöglich.

Die Theorie dieses Verfahrens.

WIE MAN EINE GLEICHMÄSSIGE BLAUE FLÄCHE ANLEGT

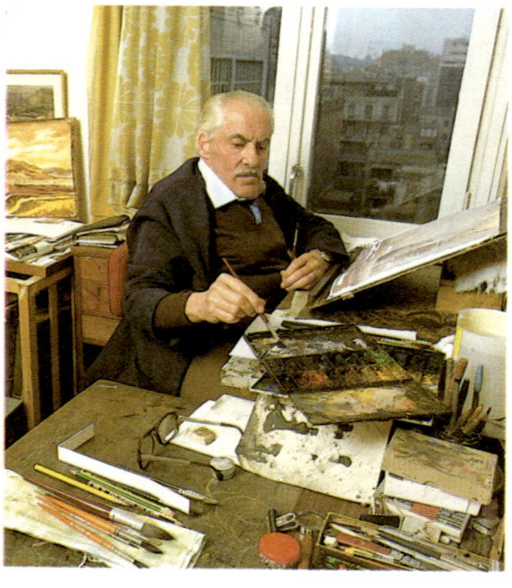

11

Abbildung 11: Malen Sie auf einem Zeichenbrett mit einem Neigungswinkel von etwa 30 Grad. Auf der nebenstehenden Abbildung erkennen Sie die Haltung, die Sie in etwa einnehmen sollten.

Abbildung 12: Tauchen Sie den Pinsel erneut in Wasser, lassen Sie ihn diesmal aber nicht abtropfen, sondern führen Sie ihn ausreichend gefüllt auf das Papier. Ziehen Sie eine 2 cm breite ununterbrochene Linie von links nach rechts, als hätten Sie einen Bleistift in der Hand. Kümmern Sie

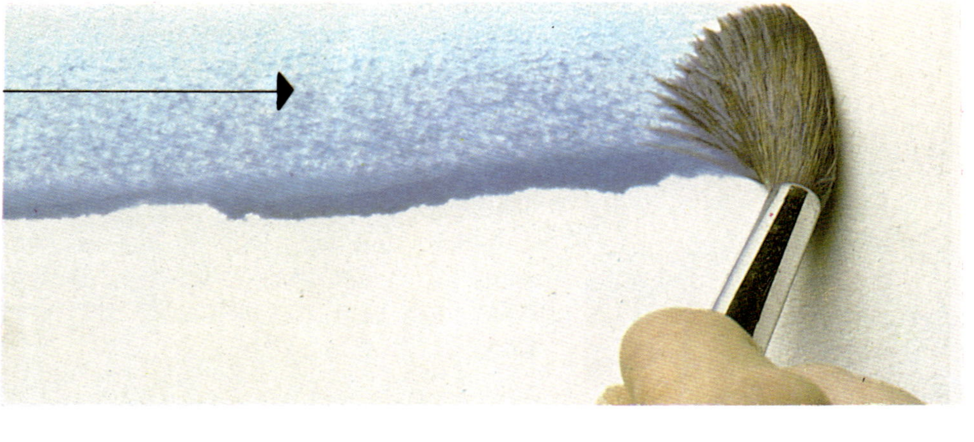

12

13

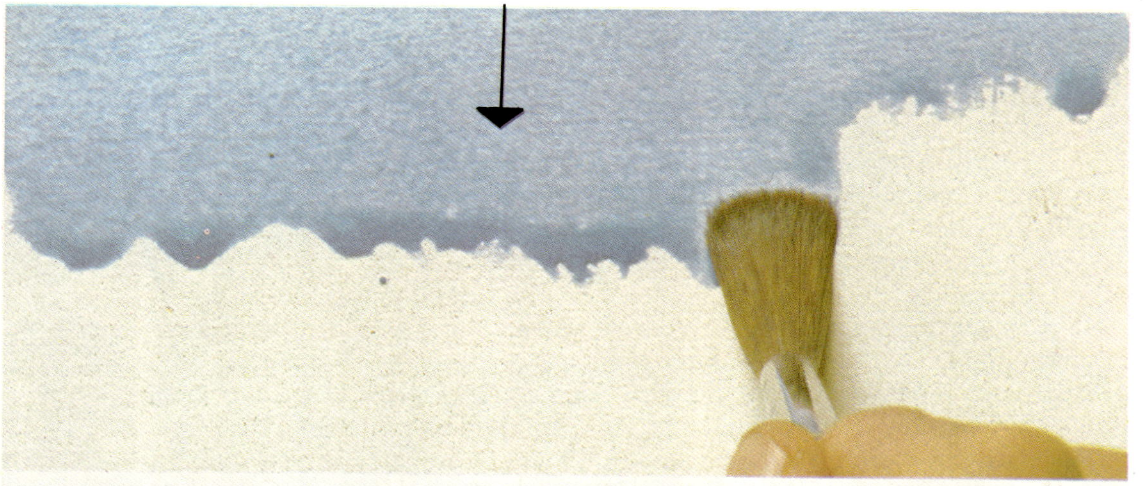

14

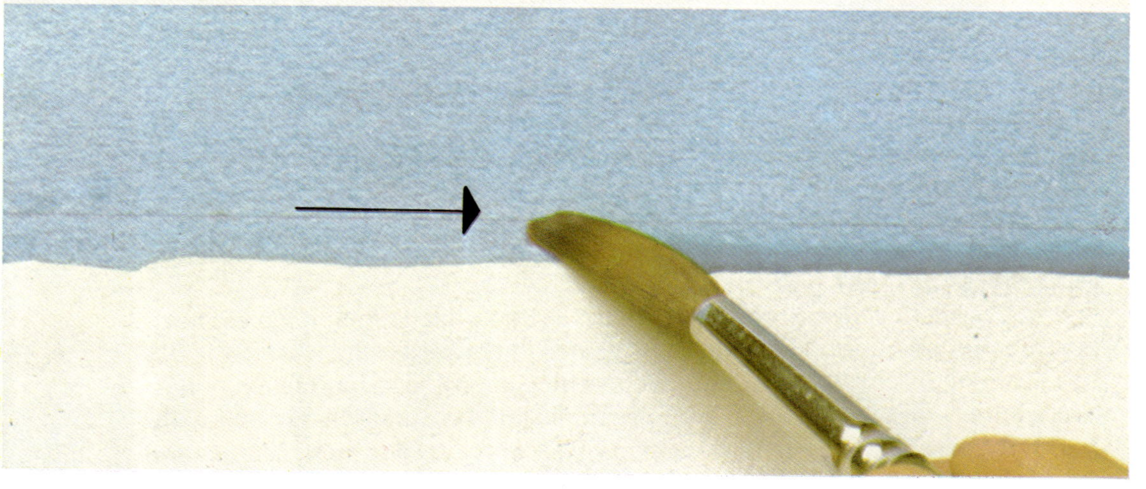

sich nicht um das Wasser, das sich am unteren Rand des Streifens ansammelt. Das ist völlig in Ordnung!

Abbildung 13: Beschleunigen Sie jetzt die Bewegung. Malen Sie einen weiteren Streifen unter den ersten, und sorgen Sie dafür, daß sich das Wasser wieder unten ansammelt. Bleiben Sie ganz ruhig, dann wird es schon klappen. Malen Sie noch einen Streifen und noch einen und noch einen und so weiter...

Behalten Sie stets eine Ansammlung der Farbe-Wasser-Mischung am unteren Rand. Auf diese Weise malen Sie auf angefeuchtetem Papier, die Farbe trennt sich nicht, und es entsteht eine völlig gleichmäßige Schicht.

Abbildung 14: Wenn Sie den unteren Rand des Rechtecks erreichen, bleibt ein Farbüberschuß, der entfernt werden muß. Nichts einfacher als das! Reinigen Sie den Pinsel mit frischem Wasser, rühren Sie ihn im Wasserglas, bis die gesamte Farbe heraus ist, schütteln Sie ihn aus, und trocknen Sie ihn, indem Sie ihn mit den Fingern zwischen dem Tuch auspressen.

Führen Sie die Pinselspitze nun in den unteren Rand der Graufläche mit der überschüssigen Farbe. Der Pinsel wird sich wie ein Schwamm verhalten und entweder einen Teil oder die gesamte Farbe aufsaugen. (Eventuell muß der Vorgang mehrere Male wiederholt werden.) Wie gut das Endergebnis ausfällt, ob dieser Teil genau denselben Ton erhält wie die übrige Fläche, hängt von der Saugfähigkeit des Pinsels und der Tatsache ab, ob Sie die Farbe mehr oder weniger gut trocknen lassen.
Noch zwei abschließende Bemerkungen. Erstens: Wie Sie bereits begriffen haben, hängt der Erfolg Ihrer Arbeit wesentlich ab

a) vom Neigungswinkel des Zeichenbrettes und
b) von der Flüssigkeitsmenge, die der Pinsel aufnimmt.

Je geringer die Neigung des Brettes ist, desto kleiner wird die Flüssigkeitsansammlung, die man unbedingt für eine gleichmäßige Farbfläche ohne Brüche benötigt. Eine zu starke Neigung kann dagegen Kleckse zur Folge haben. Dasselbe gilt für eine zu große oder zu kleine Pinselfüllung.

Der Erfolg hängt vom Neigungswinkel des Zeichenbrettes und der Pinselfüllung ab.

Zweite Bemerkung: Will man ein sehr dunkles Grau erreichen, sollte man den Pinsel nicht wie einen Schwamm im Wasser auswaschen. Man wischt ihn nur mit einem Tuch ab oder preßt ihn aus, wie ich es bereits erklärt habe, damit sich der Ton nicht verändert oder heller wird.
Aus dieser Praxis ergibt sich eine wichtige Konsequenz, die ich unterstreichen möchte:

Bei der Lavierung wie beim Aquarell malt man im allgemeinen von oben nach unten.

Außerdem gilt folgende Regel:

Beim Malen von Lavierungen oder Aquarellen wird der Pinsel normalerweise senkrecht geführt.

Vergessen Sie das nicht! Bei der vorherigen Graufläche haben wir im horizontalen Sinne von links nach rechts gearbeitet. Das geschah, weil wir das rascheste und sicherste Verfahren zum Anlegen großer Grauflächen benutzen wollten. Wir hätten die Fläche ebenfalls mit diagonalen oder senkrechten Pinselstrichen herstellen können, wie Sie aus der nebenstehenden Abbildung 15 ersehen. Sie werden feststellen, daß Kunstmaler beim Bearbeiten von kleineren oder mittleren Flächen, bei Abstufungen und Verwaschungen mit senkrechten Pinselstrichen arbeiten. Das hat einen sehr einfachen Grund: Neben der Neigung des Zeichenbrettes ist der senkrechte Pinselstrich die logischste Voraussetzung, um jene Ansammlung von Farbflüssigkeit zu erhalten, die die perfekteste Harmonisierung der Farbwerte und Töne ergibt.

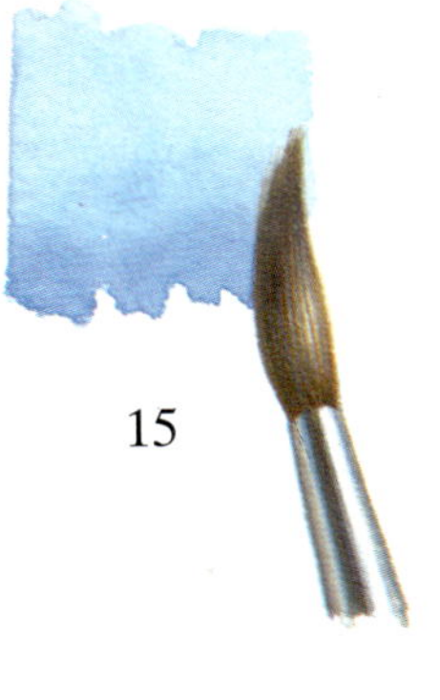

15

WIE MAN DIE FARBE VON EINER SOEBEN BEMALTEN FLÄCHE ENTFERNT ODER DIE KUNST, DEN PINSEL WIE EINEN SCHWAMM ZU BENUTZEN

Im vorigen Abschnitt habe ich erklärt, wie man den Farbüberschuß in der Schlußphase der Herstellung einer Graufläche absaugt. In diesem Zusammenhang möchte ich Ihnen einen der von Kunstmalern am häufigsten angewandten Tricks der Laviertechnik verraten, um unmittelbar nach dem Malen noch eine Verbesserung anzubringen oder einen Farbton abzuändern, auszugleichen, abzuschwächen oder abzustufen. Es geht darum, nach Fertigstellung des Bildes noch "etwas zurückzunehmen", zu verstärken und aufzuhellen, worin ja die eigentliche Kunst besteht, einen Körper zu modellieren und ihm Volumen zu geben.

Manchmal erweist sich der Ton als zu hell oder zu dunkel.

Tatsache ist, daß sich ein Ton trotz der Möglichkeit, ihn auf einem Stück Papier auszuprobieren, in der endgültigen Zeichnung oder im fertigen Bild als zu hell oder zu dunkel erweisen kann, da er entsprechend dem Gesetz der simultanen Kontraste je nach der danebenliegenden Farbe mehr oder weniger hell oder dunkel wirkt. Setzen wir diese Erkenntnis einmal in die Praxis um.

Angewandtes Verfahren.

Mischen Sie mit Wasser – diesmal sehr wenig Wasser – ein sehr dunkles Blau. Durchtränken Sie den Pinsel mit einer gewissen Menge der Farbe, und malen Sie eine Fläche von ungefähr vier Quadratzentimetern. Lassen Sie die Fläche trocknen, verdunstet das Wasser; die darauf vorhandene Farbe bleibt zurück und dunkelt nach (Abbildung 16).

16

17

Wiederholen Sie das Verfahren, diesmal aber mit einer Variante. Malen Sie also zunächst noch einmal die gleiche Fläche mit der gleichen Menge Farbe und Wasser. Waschen Sie anschließend den Pinsel mit sauberem Wasser; trocknen Sie ihn, reiben Sie ihn mit Saugpapier ab, und benutzen Sie ihn wie einen Schwamm. Saugen Sie mit Hilfe des Pinsels soviel Farbe ab wie möglich; waschen Sie den Pinsel erneut mit sauberem Wasser, trocknen Sie ihn, und gehen Sie nochmals damit über die Farbfläche, bis diese völlig trocken ist. Auf diese Weise haben Sie das Wasser nicht nur vollständig verdunsten lassen, sondern auch einen erheblichen Teil der Farbe entfernt, wodurch sich der Farbfleck automatisch aufhellt (Abbildung 17).

ANLEGEN EINER GRAUFLÄCHE DURCH VORHERIGES ANFEUCHTEN DER AUSZUMALENDEN ZONE

Einer der häufigsten Fehler des Freizeitmalers in der Aquarellmalerei besteht in Unregelmäßigkeiten innerhalb einer Graufläche oder einer Abstufung. Dieser Fehler ist so gravierend, daß hier gesondert auf ihn eingegangen werden soll.

UNREGELMÄSSIGKEITEN IN EINER GRAUFLÄCHE ODER EINER ABSTUFUNG

18

Malt man eine gegebene Fläche mit zu wenig Flüssigkeit oder legt man die Graufläche oder Abstufung zu langsam an, können sogenannte Brüche auftauchen. Das heißt, an dieser Stelle wird die Gleichförmigkeit der Farbe brutal unterbrochen (Abb. 18). Ein Bruch entsteht, wenn die erst zum Teil gemalte Abstufung oder Fläche ganz oder teilweise auftrocknet. Eine Lavierung mit zahlreichen Brüchen ohne Funktion innerhalb des Bildes zeugt von mangelnder Technik oder Erfahrung.

Die praktischste und verbreitetste Methode, Brüche beim Anlegen einer Graufläche zu vermeiden, besteht darin, daß der Maler die zu bemalende Fläche vorab mit klarem Wasser anfeuchtet und während der Arbeit ständig feucht hält, damit die Farbe beim Auftragen nicht bricht. Dieses Verfahren bringt uns zu einer weiteren wichtigen Technik innerhalb der Lavierungsarbeiten, nämlich dem Lavieren.

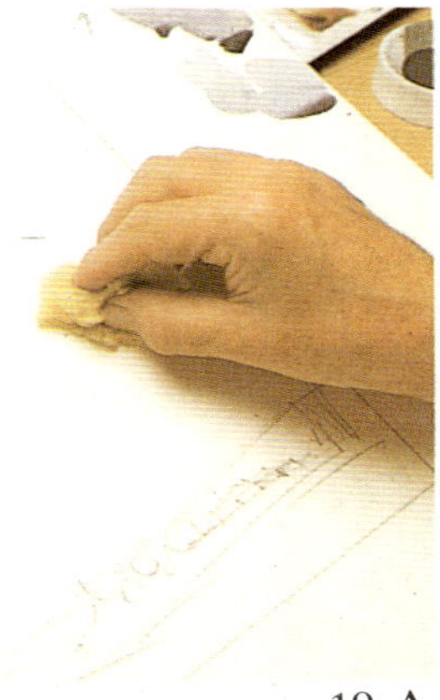

19 A

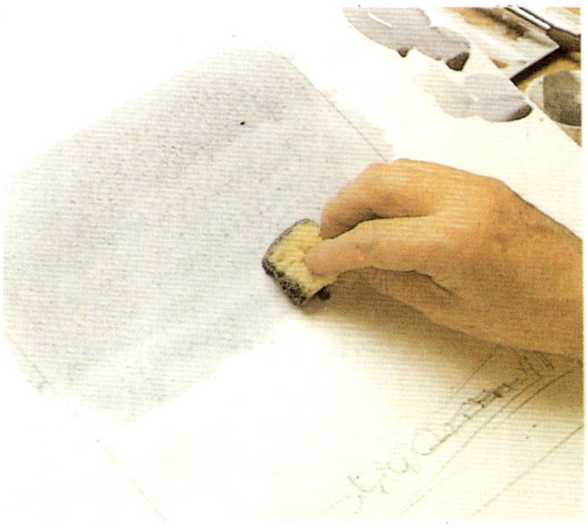

19 B

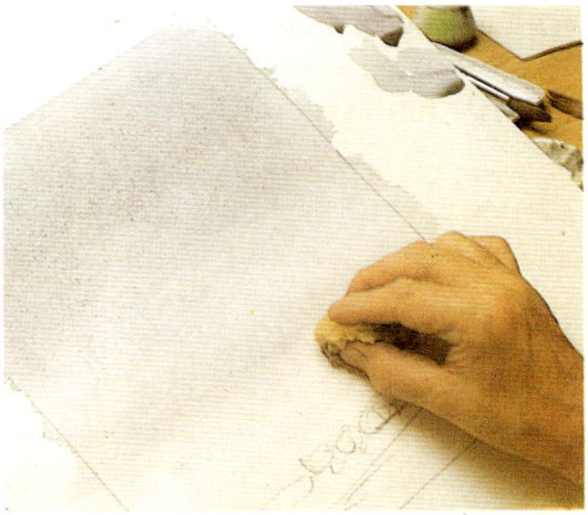

19 C

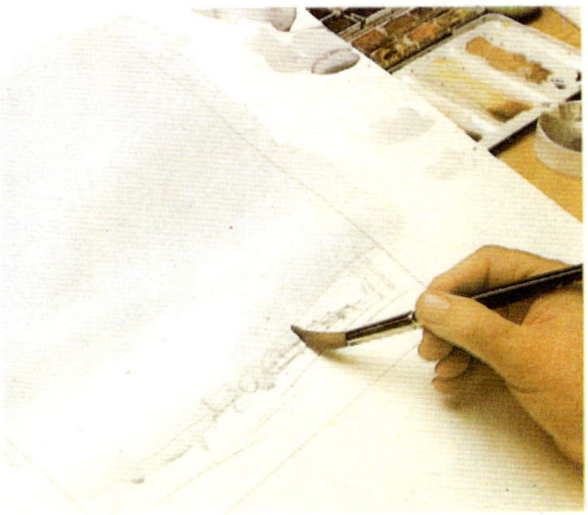

19 D

LAVIEREN

Unter Lavieren versteht man ursprünglich das Anlegen großer Flächen wie den Himmel über einer Landschaft. Im weiteren Sinne benutzt man diesen Ausdruck jedoch für das Anlegen jeder umfangreicheren Graufläche mit nur leichten Wertabweichungen und kaum kontrastierenden Aufstufungen und selbst für große Flächen mit ziemlich flachen Farbwerten. Hierfür verwendet der Künstler normalerweise die oben beschriebene Technik; er feuchtet die entsprechende Fläche also vorab mit sauberem Wasser an.
Und das geht folgendermaßen:

Angewandte Methode.

Man grenzt die auszumalende Graufläche mit einem feinen Bleistiftstrich ab. Dann feuchtet man sie mit Hilfe eines Pinsels oder eines Schwamms mit sauberem Wasser an. Wichtig ist, daß das Papier völlig gleichmäßig angefeuchtet wird. Die Wassermenge muß genau bemessen und verteilt werden, so daß eine einheitliche Fläche ohne sogenannte "Wassertaschen" entsteht. Anschließend trägt man die bereits vorbereitete Farbe-Wasser-Mischung entsprechend dem früher erklärten Verfahren auf.

WIE MAN EINE ABSTUFUNG HERSTELLT

Die Abstufung einer Farbe der Lavierung erfolgt in drei Schritten:

1. *Beginnen Sie mit dem dunkelsten Ton.*
2. *Ziehen Sie ihn mit klarem Wasser aus, und verdünnen Sie ihn.*
3. *Gleichen Sie ihn mit einem abgetrockneten Pinsel aus.*

Grundlegende Faktoren beim Anlegen einer Abstufung.

20

21
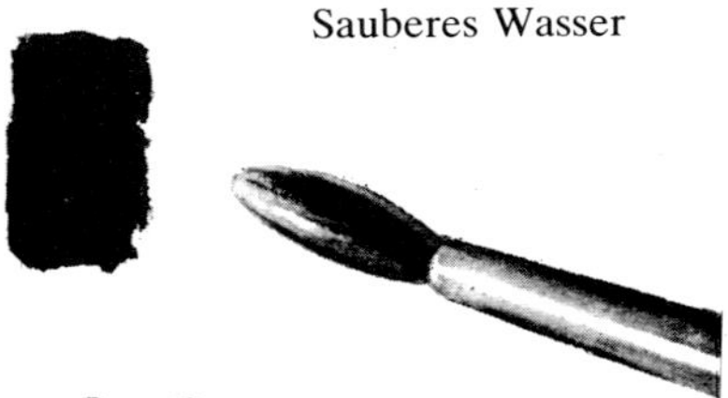
Sauberes Wasser

22
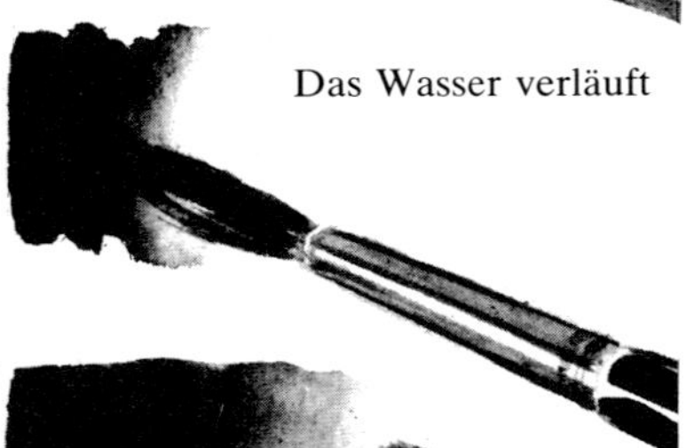
Das Wasser verläuft

23
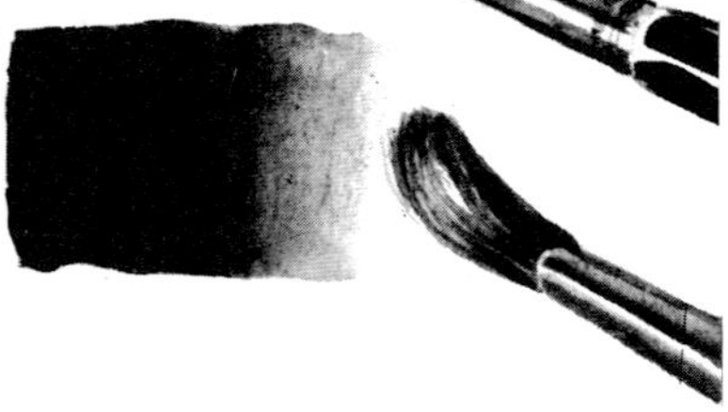

24
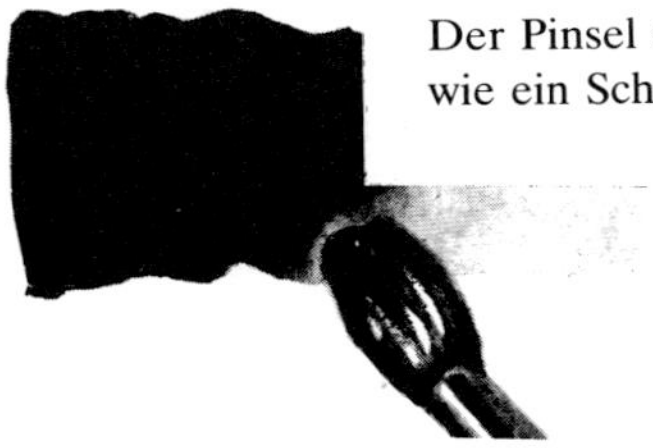
Der Pinsel saugt wie ein Schwamm

Abbildung 20. Als Beispiel nehmen wir eine breite Abstufung in Form eines waagerechten Streifens, die von Schwarz bis Weiß reicht.

Abbildung 21. Entsprechend dem erwähnten ersten Schritt (dunkelster Ton am Anfang) beginnen wir mit dem Malen einer schwarzen Fläche. Anschließend waschen wir den Pinsel in sauberem Wasser so rasch wie möglich aus (noch besser: Sie verwenden einen zweiten Pinsel) und feuchten die gesamte Fläche, die wir für den Streifen benötigen, von rechts nach links an...

Abbildung 22. ...bis Sie den Rand der schwarzen Fläche erreicht haben. Wichtig ist, daß das Schwarz noch feucht ist, damit sich die Farbe in die angefeuchtete Fläche ausziehen und mit raschen, senkrechten Pinselstrichen abstufen läßt. Aber Achtung! Halten Sie inne, bevor Sie die Hälfte der Abstufung erreicht haben.

Abbildung 23. Waschen Sie den Pinsel noch einmal. Trocknen Sie ihn mit einem Lappen, und entziehen Sie mit feinen Pinselstrichen der bemalten Fläche die Feuchtigkeit.

Abbildung 24. Waschen Sie den Pinsel noch einmal, trocknen Sie ihn erneut, und ziehen Sie die Farbe anschließend über die verbliebene Fläche, und gleichen Sie sie aus.

Denken Sie daran, daß Sie nur dann ein gutes Ergebnis beim Verstärken oder Abschwächen eines Farbtons oder beim Hinzufügen oder Absaugen des Wassers erhalten, *wenn die Fläche immer feucht bleibt (um Brüche zu vermeiden) und die dunklen Stufen nicht zu stark überwiegen.* Es ist immer einfacher, Farbe hinzuzufügen, den Ton also zu verstärken, als einen Schritt zurück zu tun und eine bereits gemalte Farbe wieder in Weiß zu verwandeln. Und da wir gerade von Weiß sprechen...

IN EINER LAVIERUNG MUSS DAS WEISS AUSGESPART WERDEN

Es gibt keine weiße Farbschicht. Beim Lavieren wird keine weiße Farbe verwendet. Das Weiß ist durch das Papier vorgegeben. Man muß es von vornherein aussparen.

Will man kein reines Weiß, sondern ein sehr helles Grau erzielen, kann man ein Verfahren anwenden, das dem sehr ähnlich ist, von dem bereits die Rede war: Man hellt die Farbe also durch Absaugen des Wassers und der Farbe innerhalb der bestimmten Fläche auf.

Herausarbeiten von Weiß aus einer dunklen Fläche.

Stellen Sie sich jetzt eine sehr dunkle Fläche vor, die bereits vor einiger Zeit angelegt worden ist und daher schon zu trocknen beginnt. Stellen Sie sich ferner vor, daß sich innerhalb dieser dunklen Fläche eine kleine hellere Zone befinden soll, zum Beispiel ein Stern. Um ihn "herauszuarbeiten", brauchen wir einen helleren Ton, nachdem es ja kein reines Weiß mehr geben kann.

Abbildung 25. Man taucht den Pinsel in absolut sauberes Wasser und feuchtet die zu behandelnde Stelle soweit an, daß sich dort ein Tropfen ansammelt.

Abbildung 26. Man läßt diesen Wassertropfen einige Minuten einwirken, bis die Farbe feucht geworden ist und sich zu lösen beginnt.

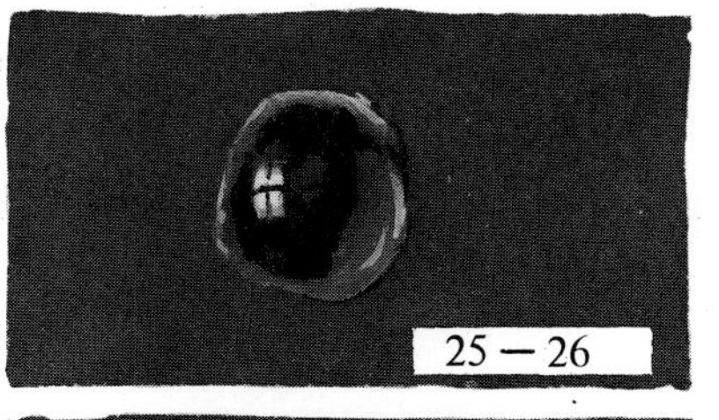

25 – 26

Abbildung 27. Anschließend versucht man, die Farbe mit Hilfe des Pinsels in dem angesammelten Wassertropfen aufzulösen. Die Arbeit erfordert eine gewisse Zeit und Geduld. Man muß die Oberfläche quasi mit dem Pinsel streicheln, damit sich die Farbe löst und mit dem Wasser vermischt.

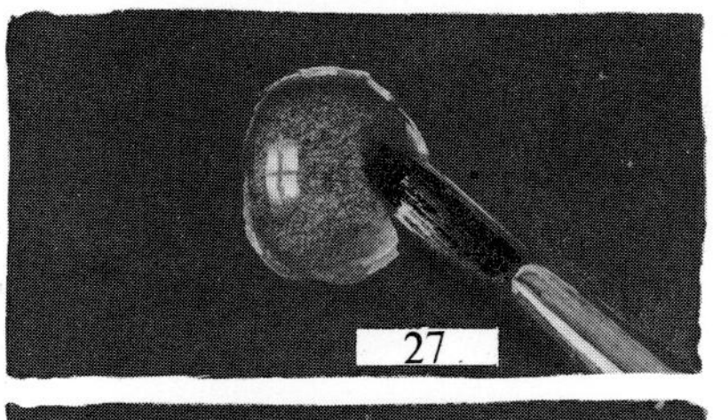

27

Abbildung 28. Gehen wir davon aus, daß die Farbe gelöst ist. Nun wäscht man den Pinsel erneut, trocknet ihn und preßt ihn mit Saugpapier aus und saugt die Flüssigkeit ab, bis die behandelte Fläche praktisch trocken ist und man im Verhältnis zur Grundfläche einen helleren Ton erhalten hat.

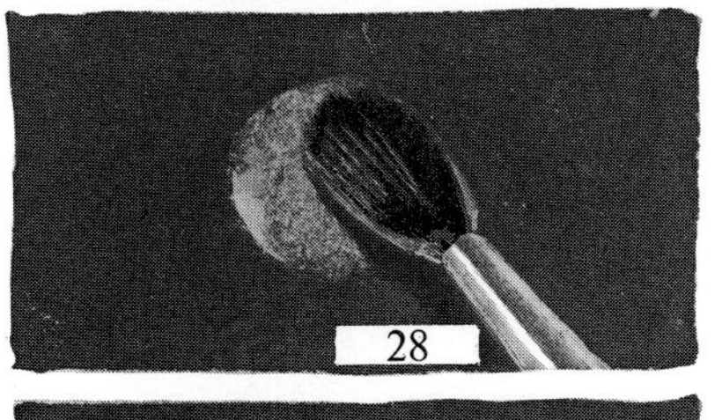

28

Abbildung 29. Zum Abschluß genügt eine sorgfältige Retusche des Umrisses. (Hier handelt es sich um einen hellen Stern auf dunklem Grund.)

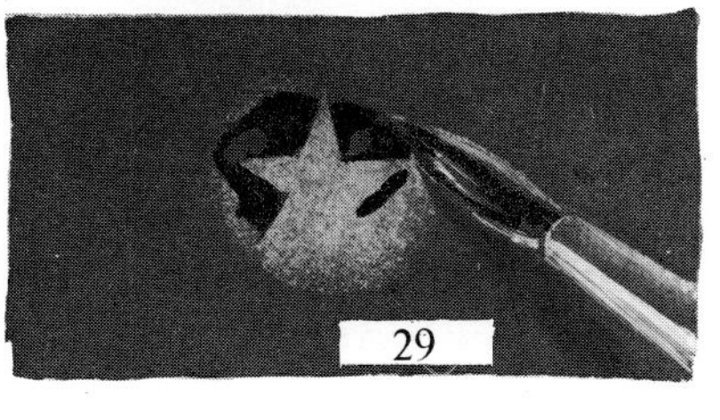

29

ÜBERLAGERUNG VON TÖNEN ODER SCHICHTEN

Beim Malen von Lavierungen oder Aquarellen legt man gewöhnlich mehrere Schichten übereinander, um die Farbwerte zu verstärken, die Ausarbeitung zu berichtigen und Kontraste zu schaffen. Dazu muß man wissen, daß der Künstler beim Übereinanderlegen von Schichten immer von Hell nach Dunkel arbeitet. Um einen Würfel räumlich darzustellen, sind also folgende Schritte erforderlich:

30

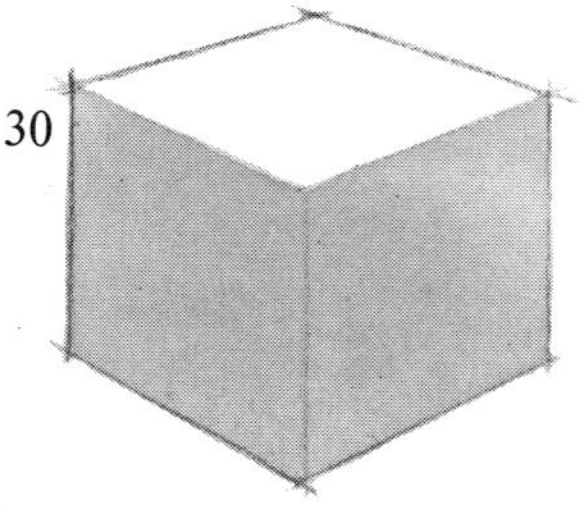

Abbildung 30. Malen Sie die Oberfläche im Schatten zunächst mit einem gleichmäßigen Grauton.

31

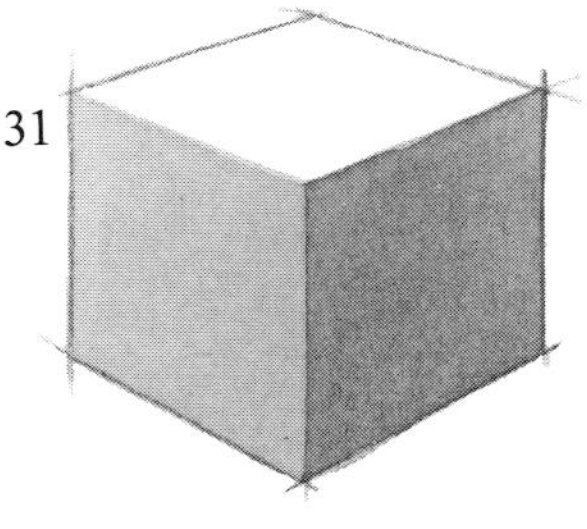

Abbildung 31. Warten Sie, bis die Schicht getrocknet ist, und legen Sie eine weitere Schicht über die dunkelste Seite.

32

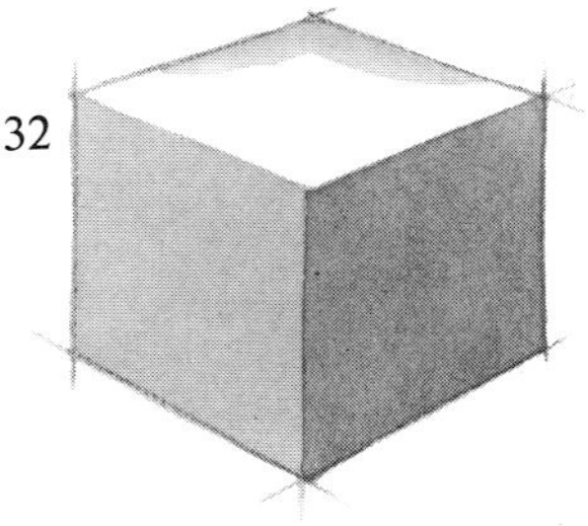

Abbildung 32. Um die Ausarbeitung des Würfels zu vollenden, malen Sie einen geraden hellgrauen Streifen über die obere hintere Ecke und...

33

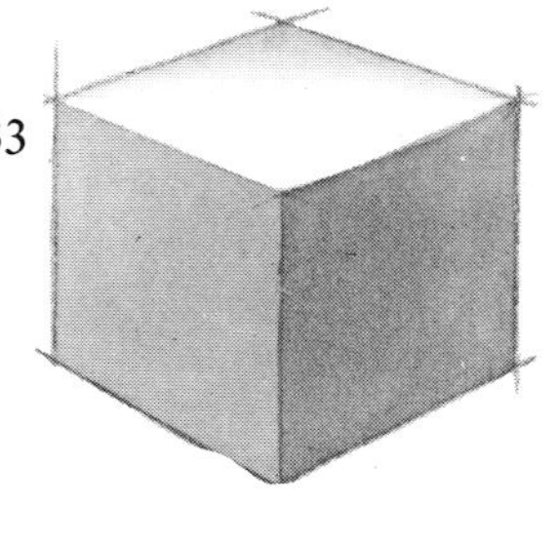

Abbildung 33. ...stufen Sie ihn rasch ab, solange er noch feucht ist. Lösen Sie den Streifen dazu mit einem in sauberes Wasser getauchten Pinsel auf, und gleichen Sie ihn durch Absaugen der Flüssigkeit aus.

Bevor man einen Farbton über einen anderen legt, muß der erste vollständig getrocknet sein. Außerdem sollte man beim Auftragen der zweiten Schicht mit einer gewissen Schnelligkeit arbeiten, damit die erste nicht zerstört oder verändert wird.

WESENTLICHE MERKMALE EINER GUTEN LAVIERUNG

Aufgrund meiner Erläuterungen, wie man Farbschichten übereinanderlegt, und meines Hinweises, daß der Künstler dabei von Hell nach Dunkel arbeitet, könnte bei Ihnen der Eindruck entstanden sein, daß eine Lavierung durch Überlagerung von mehreren Farbschichten entsteht, bis der Farbton schließlich die gewünschte Intensität erreicht hat. Nein, das ist grundfalsch! Eine gute Lavierung ist das genaue Gegenteil. Lassen Sie mich es ganz klar sagen:

Das wesentliche Merkmal einer guten Lavierung besteht darin, daß die Töne auf Anhieb oder mit so wenig Schichten wie möglich erzielt worden sind.

Die Notwendigkeit ständigen Übens.

Das ist zwangsläufig nicht einfach. Aber darin liegt der Vorteil dieser Technik. Auch als Freizeitmaler sollten Sie die Fähigkeit entwickeln, jeden Farbwert beim ersten oder spätestens zweiten Versuch zu treffen. Dadurch unterscheidet sich das Kunstwerk, die frische, spontane, sicher ausgeführte Lavierung, von einer amateurhaften, zögernden, unsicheren, unfertigen und mühsamen Arbeit.
Diese Fertigkeit läßt sich nur durch Übung, durch ständiges Lernen und Malen zahlreicher Lavierungen erwerben. Wir zeigen Ihnen die Grundtechniken dafür in diesem Buch und schlagen Ihnen im folgenden dazu passende praktische Übungen vor. Das eigentliche Wissen können Sie sich jedoch nur selbst beibringen, indem Sie Dutzende von Lavierungen herstellen und die Technik immer wieder studieren.

PRAKTISCHE ÜBUNGEN IM LAVIEREN

Zur Festigung Ihrer Kenntnisse hier eine Reihe von praktischen Übungen, die Sie mit den ersten Schritten dieser Technik vertraut machen sollen. Wir haben versucht, mit Hilfe einiger Formen und Modelle alle Schwierigkeiten dieser Technik zusammenzufassen. Sobald Sie diese Übungen beherrschen, sind Sie in der Lage, jedes noch so komplizierte Problem zu meistern. Denn welche Schwierigkeiten könnten sich in der Praxis bei der Lavierung einer Landschaft oder eines Stillebens sonst ergeben? Bestehen nicht alle Bilder aus ausgearbeiteten Formen in Grautönen oder abgestuften Flächen? Nehmen Sie diese Übungen also ernst. Führen Sie sie in jenem Geist aus, der für Ihren Lernprozeß die Voraussetzung ist.

ÜBUNG A: EIN BUCH IN DER LAVIERTECHNIK

Zunächst benötigen Sie eine gute Skizze. Dafür können Sie ein richtiges Buch als Modell nehmen und beim Zeichnen, falls nötig, Lineal und Dreieck verwenden. Berechnen Sie die Horizontallinie und die Fluchtpunkte (1). Die Zeichnung muß absolut korrekt sein (Abbildung 34). Malen Sie jetzt als erstes die Flächen A und B mit einer gleichmäßig grauen Farbe-Wasser-Mischung aus, und berücksichtigen Sie dabei die Begrenzungen. Beachten Sie, daß am Rand a' ein Lichtpunkt bleiben muß. Malen Sie ebenfalls eine Abstufung auf den oberen Winkel des Rückens b'. Waschen Sie den Pinsel dazu aus, und feuchten Sie die Fläche an; solange das Grau noch feucht ist, saugen Sie sie anschließend ab und verwaschen Sie sie mit einigen Pinselstrichen (Abbildung 35).
Anschließend wird die Fläche C, der Buchdeckel, ausgemalt, wobei der Raum für den Titel ausgespart werden muß (Abbildung 36). Sobald die Fläche völlig angefeuchtet ist, fahren Sie mit Pinsel und Farbe über die entfernteste, durch die punktierte Linie angegebene Fläche. Waschen Sie anschließend den Pinsel, und ziehen Sie die Farbe unter Abstufung nach unten aus. Reinigen Sie den Pinsel noch einmal, und pressen Sie ihn aus. Saugen Sie die Farbe vorn, wo die Fläche am hellsten erscheinen muß, ab, und lassen Sie die Abstufung auslaufen.

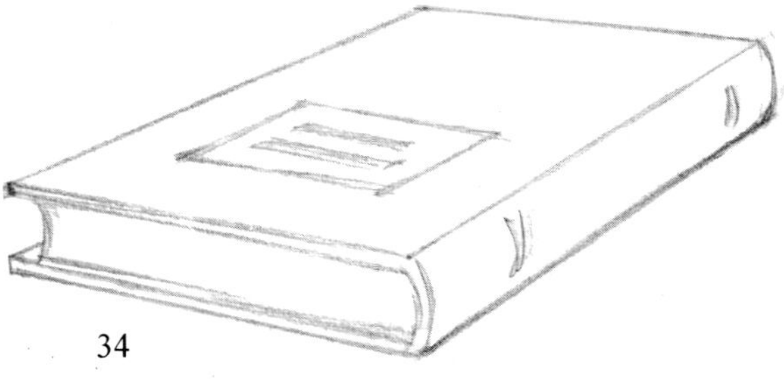

34

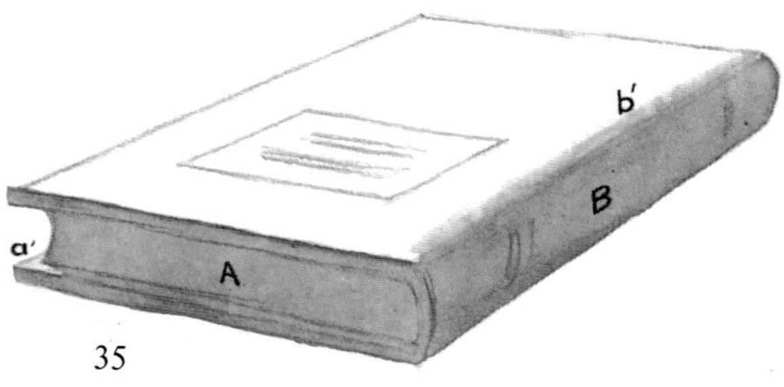

35

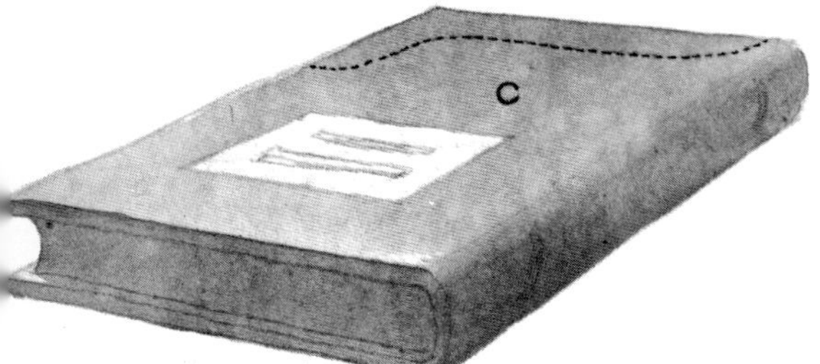

36

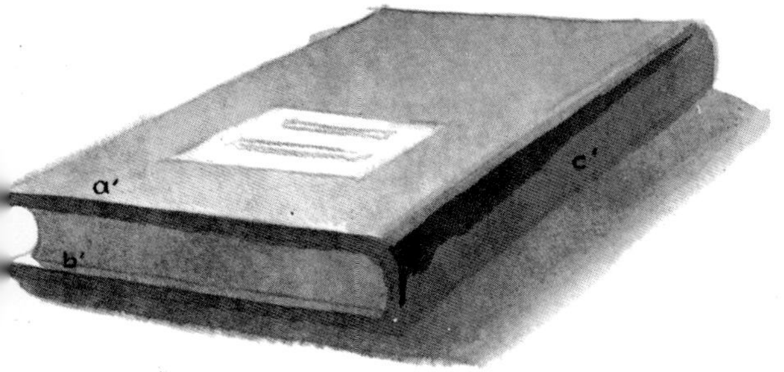

37

Verstärken Sie nun die Kanten a' und b' und die Fläche c', die dem Buchrücken entspricht. Benutzen Sie dafür dasselbe Grau wie zuvor (oder vielleicht einen etwas dunkleren Ton). Mit demselben Grau fertigen Sie auch den Schatten an und stufen ihn zum äußeren Rand hin ab (Abbildung 37).
Versuchen Sie schließlich, die Abstufung des "Scheitels" des Rückens – das heißt, die dunkelste Stelle dieses Schattens – zu malen. Um dieses Verfahren zu verstehen, wenden Sie sich noch einmal den Abbildungen 37 und 38 zu. Erinnern Sie sich, daß zunächst ein dunkler Streifen, wie auf Abbildung 37 angegeben, gemalt werden muß, der anschließend mit einem sauberen, beinahe trockenen Pinsel (der noch ein wenig Wasser enthält) rasch abgestuft wird. Nehmen Sie solange Farbe auf und gleichen Sie sie an, bis Sie das auf Abbildung 38 gezeigte Ergebnis erhalten haben.

Zwei Dinge sind sehr wichtig:

1) Damit das Verfahren gelingt, *muß die vorherige Schicht absolut trocken sein, bevor man darauf arbeitet.*

2) Sind Sie in diesem oder einem ähnlichen Fall mit dem Abstufungsergebnis nicht zufrieden, lassen Sie die Fläche trocknen, bevor Sie das Ganze noch einmal beginnen.

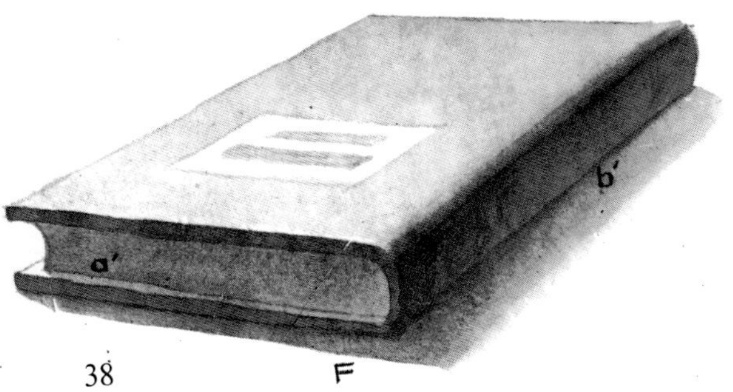

38 F

Zum Abschluß der Übung verstärken Sie die angegebene Fläche b' durch eine dunkle Linie. Gestalten Sie den Buchtitel mit Hilfe eines einfachen Pinselstriches, und stufen Sie die Fläche a' so ab, daß sich die Buchseiten von dem Innendeckel deutlich abheben.

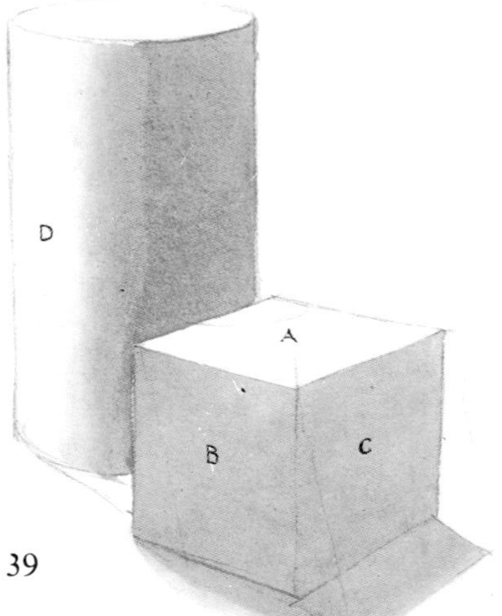

39

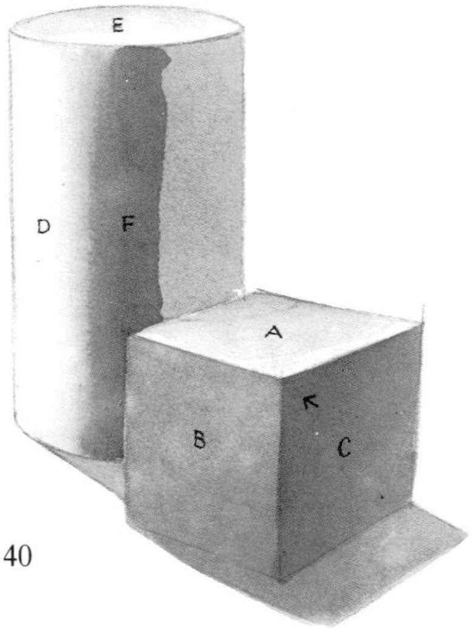

40

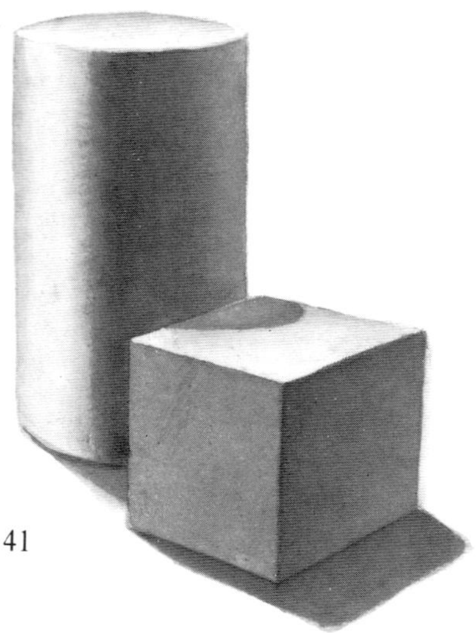

41

ÜBUNG B: EIN ZYLINDER UND EIN WÜRFEL IN DER LAVIERTECHNIK

Zeichnen Sie zunächst eine äußerst sorgfältige Skizze mit den Formen und Schatten entsprechend der auf Abbildung 39 angegebenen Perspektive.

Beginnen Sie mit dem Ausmalen der Flächen B und C des Würfels, und ziehen Sie dieses Grau zu seinem Schatten aus. Stufen Sie die Begrenzung wie früher erwähnt ab.

Feuchten Sie die aufgehellte Seite des Zylinders D mit einem Pinsel und sauberem Wasser an. Sobald die Fläche feucht ist, malen Sie sie mit dem Grau aus, das dem Schatten des Zylinders entspricht. Stufen Sie dieses Grau zur Grenze von Licht und Schatten ab (Abbildung 40). Ich rate Ihnen, das Papier dazu zu drehen, so daß Sie mit waagerechten Strichen arbeiten können.

Verstärken Sie die Fläche C des Würfels, indem Sie die Farbe-Wasser-Mischung in die obere linke Ecke (durch einen Pfeil angegeben) geben, um hier eine dunklere Zone zu erhalten. Malen Sie den Schatten des Zylinders (auf dem Boden hinter dem Würfel).
Wenden Sie sich anschließend der leichten Abstufung der Fläche A des Würfels zu. Beginnen Sie hinten, und stufen Sie nach vorn hin ab (Abbildung 40).

Schreiten Sie jetzt zur Abstufung des Schattens des Zylinders. Feuchten Sie zunächst die helle Zone D mit sauberem Wasser an, tragen Sie einen intensiven Ton auf, stufen Sie ihn nach rechts ab, und ziehen Sie ihn auf dem schattigen Teil des Zylinders aus, während er noch feucht ist. Arbeiten Sie mit raschen senkrechten Pinselstrichen oder unter Drehen des Blattes, um waagerecht malen zu können, damit keine Brüche entstehen. (Beachten Sie den Unterschied zwischen Abbildung 40 und 41.)
Beenden Sie die Arbeit mit dem Schatten, den der Zylinder auf den Würfel wirft.

ÜBUNG C: EINE KUGEL IN DER LAVIERTECHNIK

Zeichnen Sie zunächst mit dem Bleistift eine Kugel. Sie können dafür auch einen Zirkel benutzen. Berechnen Sie den Schatten der Kugel, und markieren Sie ihn durch eine Hilfslinie. Deuten Sie den hellsten Punkt der Kugel, der im Augenblick weder angefeuchtet noch bemalt werden soll, durch einen kleinen Kreis an. Beginnen Sie mit dem Malen des Schattens auf der Kugel. Feuchten Sie dazu die aufgehellte Fläche (unter Aussparung der bereits genannten Zone G) mit Pinsel und sauberem Wasser an, und tönen Sie sie gleichmäßig sehr hellgrau. (Benutzen Sie dafür dasselbe Grau wie für die vorherige Abstufung.)

WARTEN SIE, BIS DIESE SCHICHT VÖLLIG TROCKEN IST. Befeuchten Sie den schattigen Teil mit Pinsel und (wenig) Wasser, und stufen Sie ihn zum hellen Teil hin ab. Malen Sie jetzt einen dunkelgrauen Fleck entsprechend der Abbildung 42. Ist das Papier gleichmäßig bzw. ausreichend befeuchtet, verläuft die Farbe von allein, und man verhindert Brüche. (Entschuldigung, ich habe etwas vergessen: Bevor Sie diese Fläche malen, fertigen Sie mit demselben Ton bitte zunächst den Schatten H an, den die Kugel wirft. Warten Sie, bis der Schatten völlig getrocknet ist, bevor Sie, wie angegeben, fortfahren.) Ziehen Sie die Farbe mit dem fast trockenen Pinsel aus, der zuvor nicht gereinigt zu werden braucht.

WARTEN SIE, BIS DIE FLÄCHE GETROCKNET IST, bevor Sie sie verstärken. Sollten Sie keine zufriedenstellende Abstufung erhalten haben, bedenken Sie, was wir zuvor über die Notwendigkeit des Trocknens vor dem Weiterarbeiten gesagt haben.

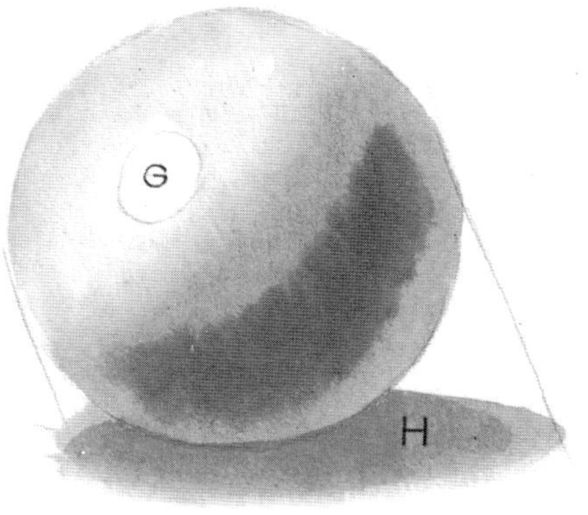

42

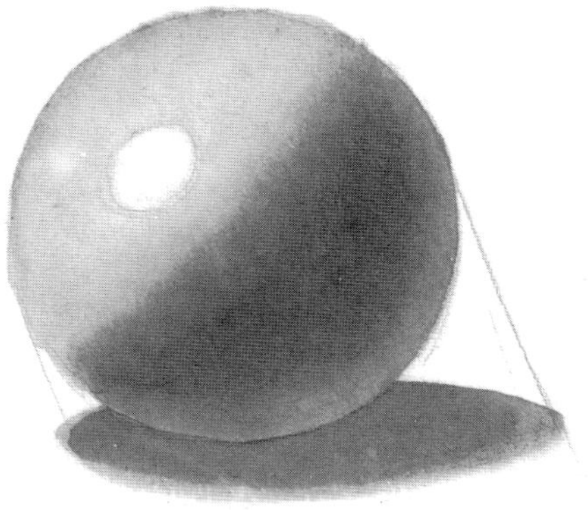
43

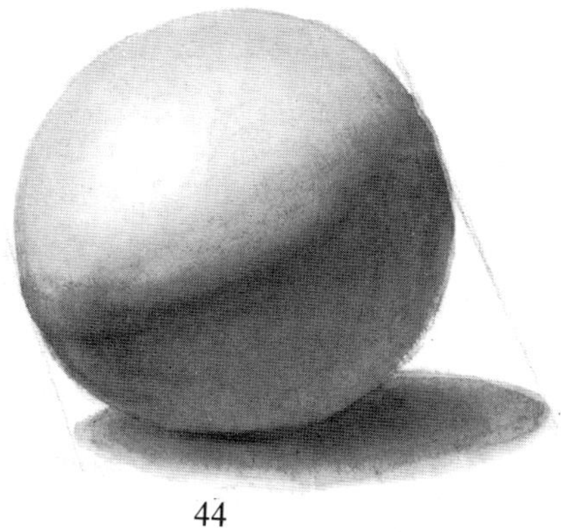
44

Arbeiten Sie solange, bis Ihre Kugel dem hier abgebildeten Modell (Abbildung 44) entspricht. Denken Sie daran, daß man die Partie mit dem reflektierenden Licht durch Absaugen von Wasser und Farbe erreicht. Die runde Abstufung der hellen Zone entsteht dadurch, daß man einen schmalen Streifen innerhalb der Begrenzung der Kugel aufträgt und diesen nach innen bis zum hellsten Punkt auszieht.

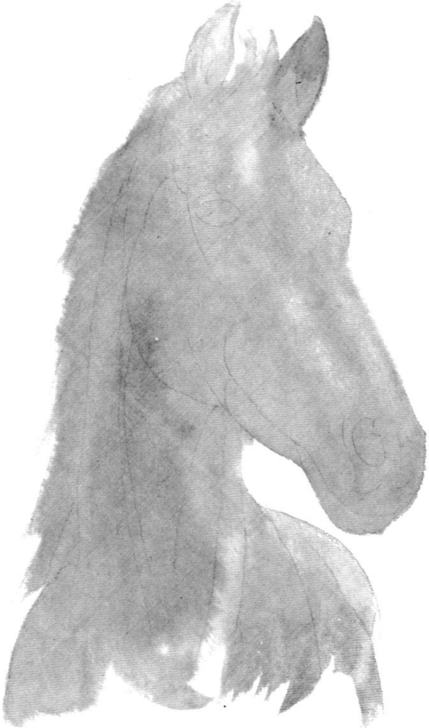

45

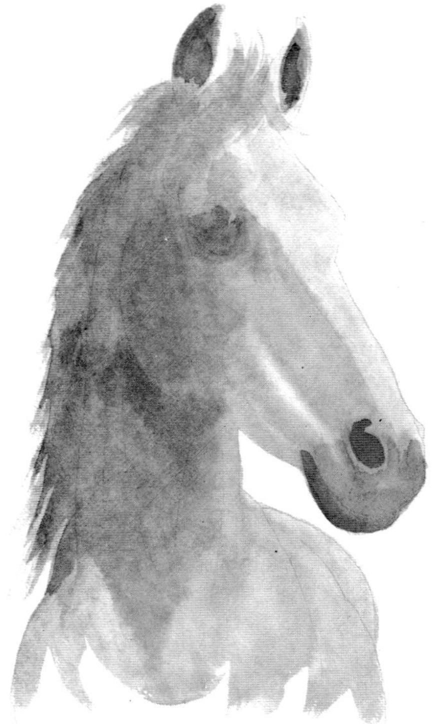

46

ÜBUNG D: PFERDEKOPF IN DER LAVIERTECHNIK

Wir wollen jetzt versuchen, einen Pferdekopf in der Laviertechnik zu malen, und benutzen dazu als Modell die Abbildung 48 auf Seite 34. Zur Bewältigung dieser Aufgabe ist es unbedingt erforderlich, daß Sie die vorigen Übungen sorgfältig durchgeführt haben und völlig beherrschen, zumal die Technik und die Schwierigkeiten dieser neuen Übung damit praktisch identisch sind. Wir gehen daher davon aus, daß die neue Übung nicht mehr Schritt für Schritt erklärt zu werden braucht. Sie müßten inzwischen soviel Kenntnisse erworben haben, daß Sie ein zufriedenstellendes Ergebnis erzielen.

DIE EINGANGSZEICHNUNG

Beginnen Sie, wie immer, mit einer sehr sorgfältigen Skizze, und denken Sie daran, daß Ihr Endergebnis in erheblichem Umfang von einer akkuraten Zeichnung abhängt. Sie können das Modell – wie Kunstmaler es ebenfalls häufig tun – mit einem Raster überziehen und es entweder in derselben Größe oder Ihrem Wunsch entsprechend vergrößert reproduzieren. Letzten Endes geht es darum – und ich muß es nochmals betonen –, daß die Zeichnung absolut korrekt ist.

ERSTER SCHRITT: ANFANGSTÖNUNG MIT AQUARELLFARBE

Feuchten Sie die gesamte Zeichnung des Pferdekopfes zunächst mit Pinsel und sauberem Wasser an. Überziehen Sie die Fläche anschließend mit einer grauen Lasur, die – erinnern Sie sich – auf Anhieb den hellstmöglichen Ton der Lavierung wiedergeben soll (Abbildung 45):

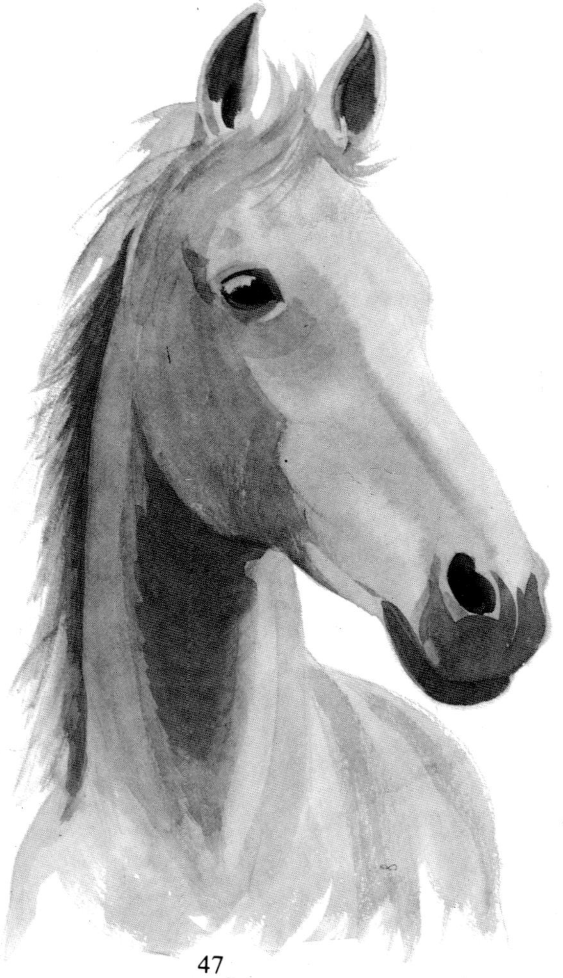

47

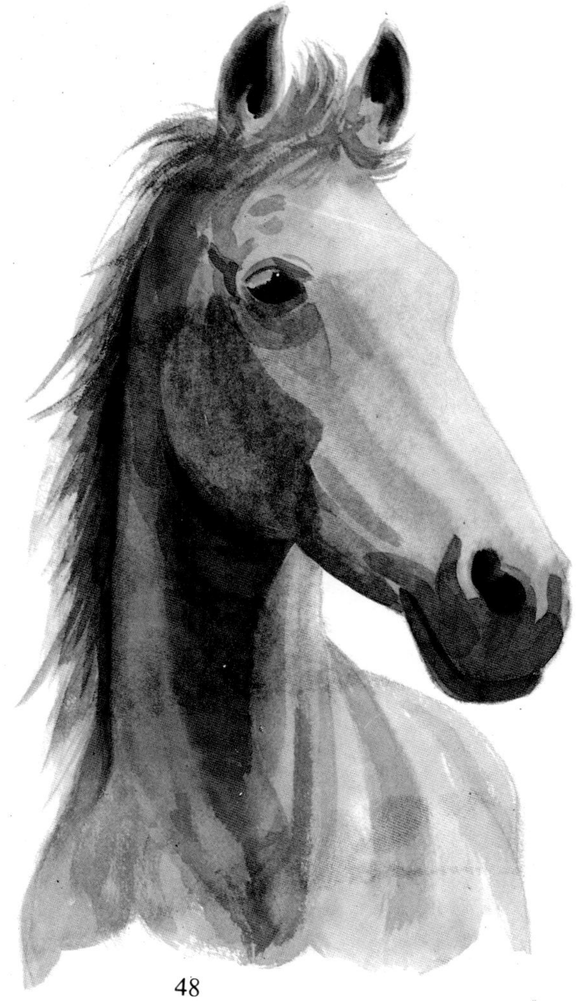

48

OHNE ABZUWARTEN, BIS DIESE SCHICHT TROCKEN IST, tragen Sie jetzt eine neue Schicht auf die noch feuchte Fläche und betonen dabei bewußt die dunkelsten Stellen des Modells (Abbildung 46).

WARTEN SIE JETZT, BIS DIE VORIGEN SCHICHTEN VÖLLIG GETROCKNET SIND, und arbeiten Sie die Farbgebung genauer aus, bis Ihre Arbeit der obenstehenden Abbildung 47 entspricht.

ZWEITER SCHRITT: ENDGÜLTIGE FARBGEBUNG
Betonen und verstärken Sie die Farbwerte weiter, bis Sie das beinahe fertige Ergebnis der Abbildung 48 erreicht haben. Arbeiten Sie dabei je nach Bedarf und entsprechend den Kenntnissen, die Sie bisher über die Grauflächen und ihre Abstufung erworben haben, entweder auf feuchtem oder trockenem Untergrund.

DRITTER SCHRITT: ABSCHLUSSARBEITEN
Betrachten Sie zum Abschluß noch einmal das Bild (Abbildung 49) auf Seite 32, und bedenken Sie, daß es das Ergebnis einer präzisen Arbeit ist, die ohne jede Eile und unter ständigem Vergleichen mit dem Modell angefertigt wurde.

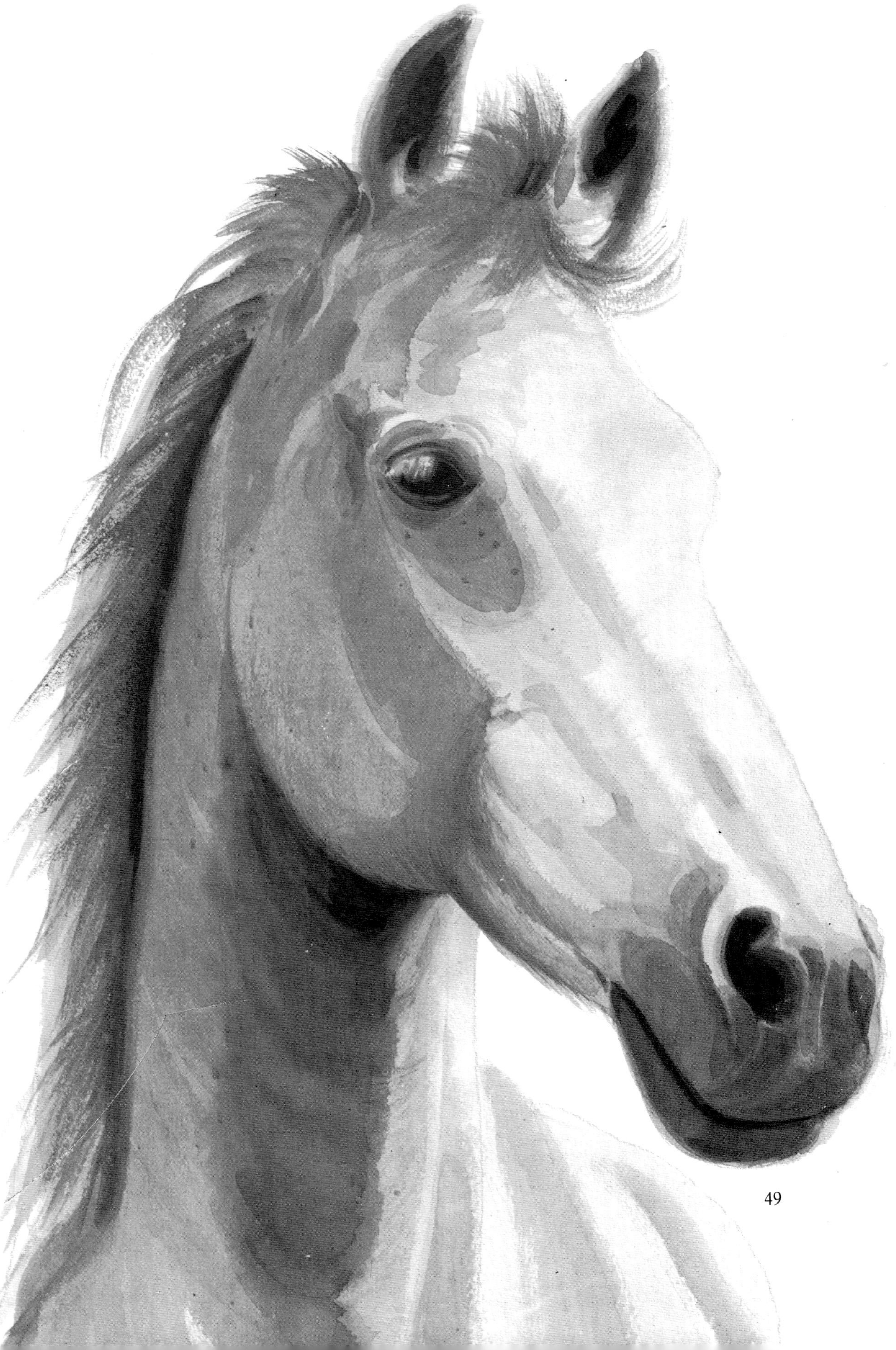

DAS AQUARELL (I)

DEFINITION DES AQUARELLS

Das Aquarell unterscheidet sich von einer Lavierung nur dadurch, daß letztere mit einer einzigen Farbe angelegt wird, während man beim Aquarell mit allen Farben arbeitet. Wir können also sagen:

Das Aquarell entsteht mit einer Technik, bei der die Farben mehr oder weniger stark mit Wasser verdünnt und in transparenten Tönen auf weißes Papier aufgetragen werden. Dadurch schließen sich dicke Farbschichten zwangsläufig aus.

Beschreibung des Materials

Angesichts der Ähnlichkeit der Technik des Aquarells und der Lavierung wiederholen wir bei der Beschreibung des Materials für die Aquarellmalerei gewisse Gedankengänge, die wir bereits im vorigen Kapitel über die Lavierungen entwickelt haben.

Wir meinen jedoch, daß dies einmal zur Ausweitung und Unterstreichung des zuvor Gesagten notwendig ist. Zum anderen sollen Sie eine umfassende Beschreibung der Qualität und des Verwendungszwecks des Aquarellmaterials im engeren Sinne erhalten. Und darüber hinaus gibt uns Guillermo Fresquet noch seine eigene Meinung zu den diversen Gegenständen.

DIE PINSEL

Zum Aquarellieren benutzt man im allgemeinen Pinsel aus Rotmarderhaar oder Mangustenfaser. Beide sind von guter Qualität, wobei der Mangustenpinsel etwas steifer ist. Außerdem lassen sich Pinsel aus Rindsohrhaar verwenden. Sie sind jedoch von geringerer Qualität. Um es mit Guillermo Fresquets Worten zu sagen: Ein guter Aquarellpinsel muß die folgenden Bedingungen erfüllen:

1. Er muß aus feinem dichtem Haar bestehen, das auch im Naßzustand eine einwandfreie Spitze bildet.
2. Er muß sich leicht biegen lassen und auf den leichtesten Druck der Hand des Künstlers reagieren.
3. Er muß seine normale Form sofort wieder annehmen, das heißt, die Haare müssen sich auch im Naßzustand automatisch aufrichten, sobald der Druck nachläßt.

Merkmale eines guten Pinsels.

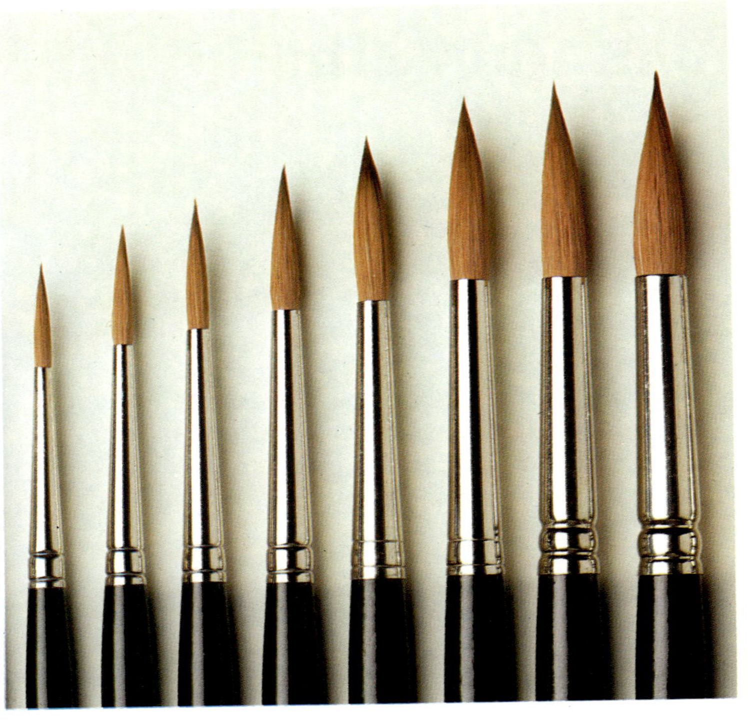

50 A

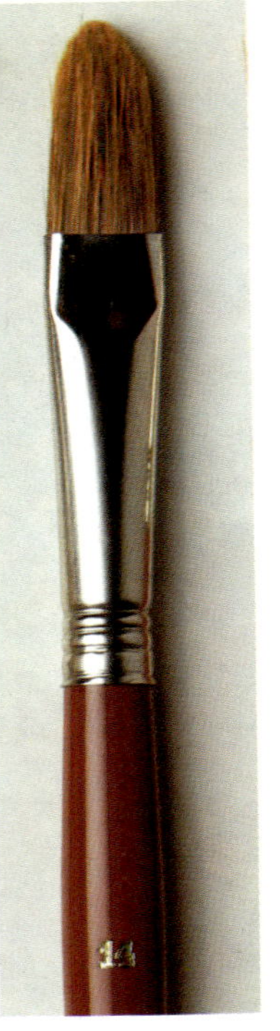

50 B

Für künstlerische Aquarelle ist es nicht ratsam, mit einem zu feinen Pinsel, also mit einer zu niedrigen Nummer, zu arbeiten, weil dies ein Übermaß an Linien und Strichen bedingen könnte. Besser ist ein dichter Pinsel mit einem dicken Baum (der, wenn er mit Tusche oder Farbe vollgesogen ist, in der Mitte einen beträchtlichen Durchmesser erreicht). Mit ihm läßt sich rasch und spontan arbeiten. Erwähnt sei in diesem Zusammenhang, daß ein Pinsel von guter Qualität selbst im Naßzustand eine perfekte Spitze bildet. Andererseits benötigt man keine große Auswahl von Pinseln, da man beim Aquarellieren ähnlich wie beim Lavieren ständig waschen muß, um die Farben aufzuhellen oder zu absorbieren, die Abstufungen zu verwischen etc. Zwei Rundpinsel (Nr. 8 und 12 oder Nr. 10 und 14) und ein Flachpinsel (Nr. 12 oder 14) reichen völlig aus.

Wahl der Pinsel.

Pinsel von guter Qualität sind teuer. Ihre Behandlung kann uns daher nicht gleichgültig sein. Vor allem sollte man sie nicht in einem Wasserglas oder in einer Flasche stehen lassen; das schadet den Haaren und beeinträchtigt die Klebung und den Halt der Haare in der Zwinge. Außerdem könnte sich der Stiel durch die Feuchtigkeit lockern und den Halt im Metallring verlieren. Es ist daher ratsam, die Pinsel sorgfältig zu reinigen, sobald die Arbeit beendet ist. Farbreste beeinträchtigen die Elastizität der Haare erheblich. Ist der Pinsel mit sauberem Wasser gewaschen, sollte man ihn mit der Spitze nach oben in ein Gefäß stellen. Wird er über einen längeren Zeitraum nicht benötigt, bewahrt man ihn am besten in Naphtalin auf, damit er nicht verstaubt.

Behandlung der Pinsel.

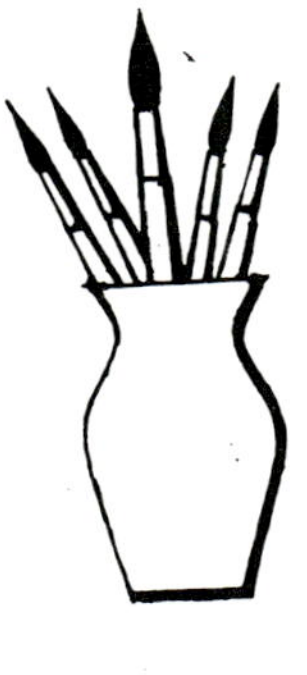

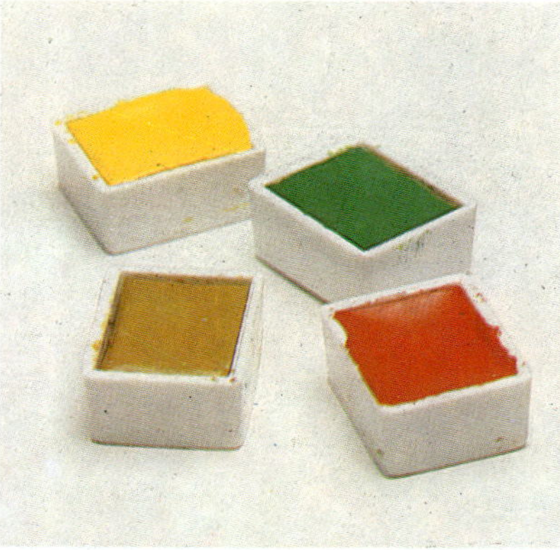

51 A

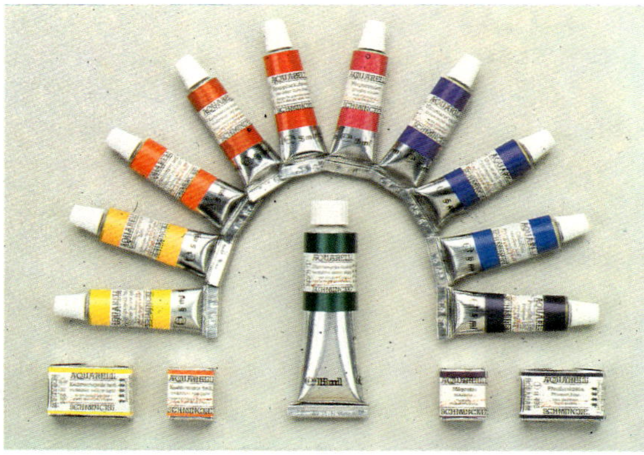

51 B

DIE AQUARELLFARBEN

Zusammensetzung der Aquarellfarben.

Aquarellfarben bestehen aus pflanzlichen, tierischen oder mineralischen Pigmenten – im Prinzip denselben, aus denen Ölfarben hergestellt werden –, die mit Wasser und Gummiarabikum und weiteren Bestandteilen wie Glyzerin, Honig und einem Konservierungsmittel gebunden werden. Glyzerin und Honig machen das Gummiarabikum geschmeidig und verhindern dadurch das Brechen dickerer Schichten.
Die fertigen Farben werden entweder pastenförmig in Zinntuben oder in Platten- und Tablettenform in kleinen weißen Plastiknäpfen oder in Metallkästen angeboten.

Markenfabrikate.

Heutzutage mischen die Maler ihre Farben nicht mehr selbst, zumal zahlreiche Firmen ausgezeichnete Aquarellfarben herstellen und vertreiben. Zu den wichtigsten gehören: Paillard, Pelikan, Rembrandt, Schmincke, Talens und Watteau.
Die meisten Firmen stellen sowohl Farben in Tuben als auch in Näpfen her und bieten eine breite Auswahl an, die bei den bedeutenden Unternehmen fünfzig bis sechzig verschiedene Farbtöne umfaßt. Die außerordentliche Vielfalt erklärt sich aus der Tatsache, daß jeder Kunstmaler wie bei den Ölfarben auch für das Aquarell seine eigene Farbzusammenstellung bevorzugt. Die meisten Fabrikanten bieten jedoch auch Kästen mit einer Farbauswahl an. Erhältlich sind sie mit 6, 8, 10, 12 und selbst 24 Farben, die nach Verbrauch durch einzelne Tuben oder Tabletten ersetzt werden können. Bleibt also nur zu klären, ob man besser Tuben oder Tabletten verwendet und welche der beiden Formen bequemer ist.

Tuben oder Tabletten.

Hierfür gibt es keine festen Kriterien. Es scheint jedoch, daß die Tubenfarbe, die rasch in Wasser löslich ist, die Arbeit des Kunstmalers erleichtern kann und das Werk in manchen Fällen spontaner und lebhafter werden läßt. Das bedeutet jedoch nicht, daß die Farben in Tabletten oder Plattenform nicht auch ihre Anhänger hätten. Arbeitet man mit festen Tabletten, müssen diese unbedingt eine gute Qualität und ein Höchstmaß an Löslichkeit besitzen. (Das heißt, sie müssen sich bei der Berührung des ins Wasser getauchten Pinsels sofort lösen.) Die Pigmente lösen sich jedoch nur dann leicht, wenn die Tabletten "frisch", also erst kürzlich hergestellt worden sind.

Das vom Kunstmaler am meisten verwendete Sortiment besteht aus:

Zitronengelb	Karmin
Goldgelb	Smaragdgrün
Ockergelb	Kobaltblau
Siena gebrannt	Ultramarin
Zinnoberrot	Schwarz

Außer den genannten Farben findet sich in manchen Kästen noch Weiß als Tubenfarbe. Auf den ersten Blick scheint dies der Regel, nach der Weiß beim Aquarell ausschließlich durch das Papier vorgegeben wird, zu widersprechen. Ich möchte daher darauf hinweisen, daß ein transparentes Weiß hier die Palette gewisser Farbtöne vergrößert. (So kann man zum Beispiel mit Hilfe von Schwarz ein ganz bestimmtes Grau herstellen.) Außerdem greifen Berufsmaler trotz des "Benutzungsverbots" von Weiß als Deckfarbe manchmal danach, um sehr feine Linien wie die Takelage eines Schiffes von einem blauen Himmel oder dünne Zweige auf dunklem Hintergrund etc. zu zeichnen.

Das Weiß im Aquarellkasten.

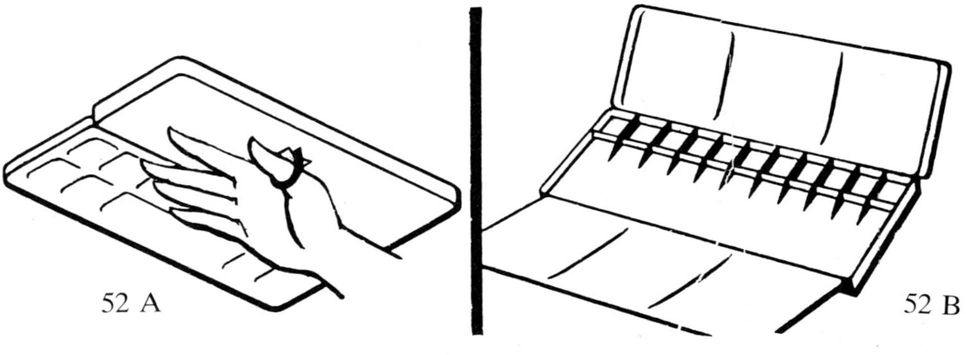

52 A 52 B

DIE PALETTE

Die Aquarellkästen haben eine doppelte Funktion. Sie enthalten die Farben und dienen im Augenblick des Mischens als Palette. Die zweite Funktion, die der Kasten vor allem dann erfüllen muß, wenn der Künstler nicht bei sich im Atelier, sondern zum Beispiel im Freien arbeitet, hat die Hersteller dazu veranlaßt, Metallkästen zu fertigen, die innen weiß emailliert und im Deckel in einige Fächer eingeteilt sind. In diese Fächer gibt man das Wasser zum Auflösen der Farbe, mischt die dickeren Farben, prüft deren Stärke und den Farbwert. Manche Hersteller gehen sogar noch weiter. In ihren Kästen befinden sich diese Fächer nicht nur im Deckel, sondern auch auf der Seite der Farben.

Aquarellkästen werden als Paletten benutzt.

53 A

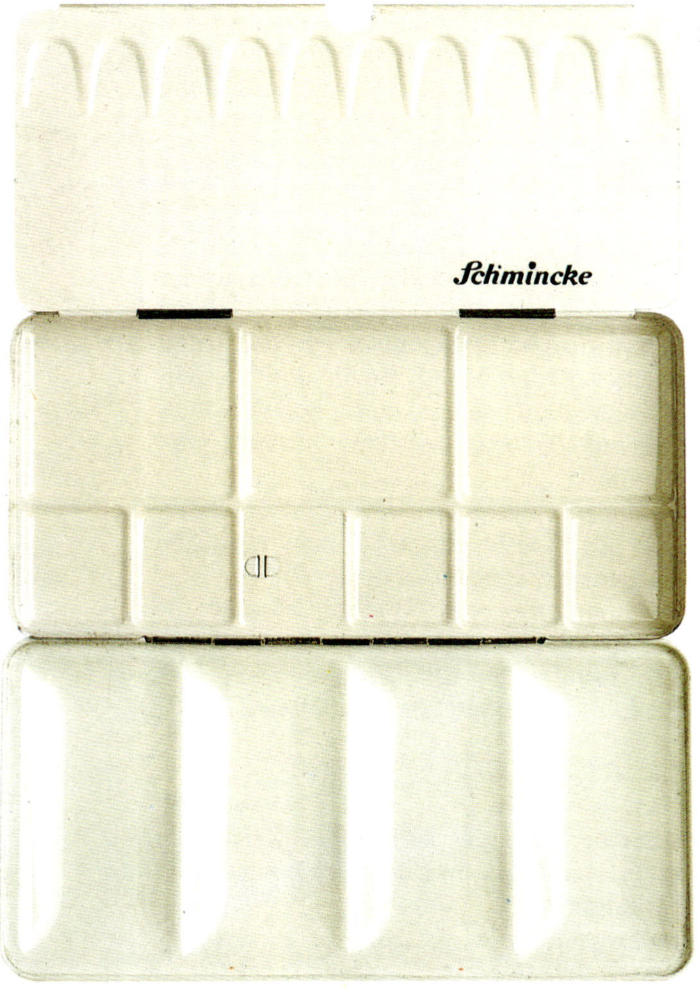

53 B

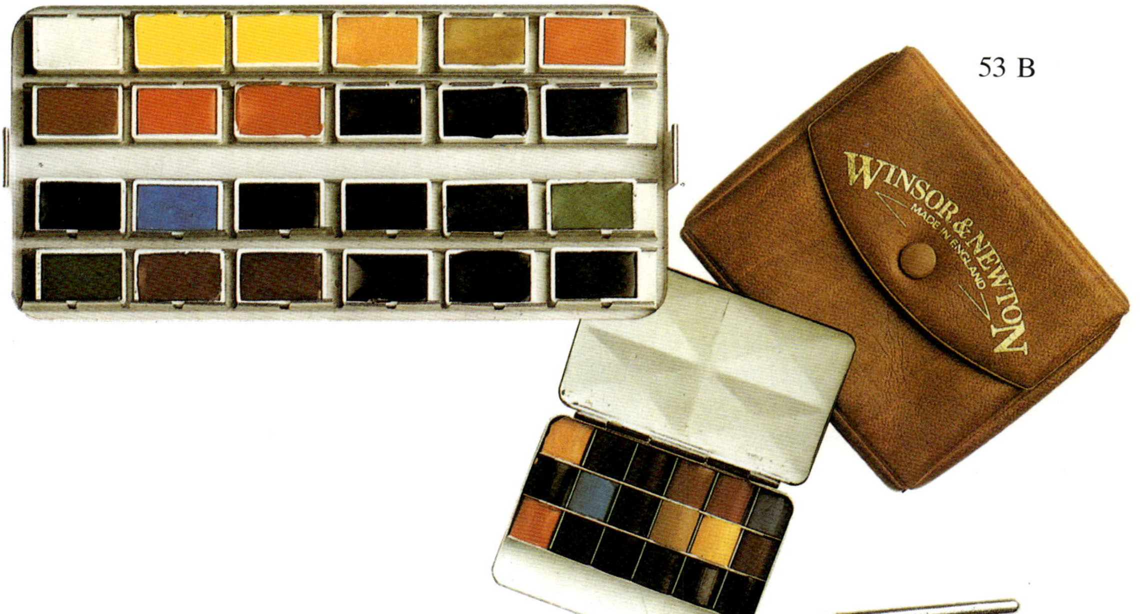

Damit die Benutzung etwas bequemer wird, besitzen alle modernen Kästen einen Ring an der Unterseite, durch den der Künstler seinen Daumen schiebt, um, wie beim Malen mit Ölfarben, Kasten und Pinsel in einer Hand halten zu können (Abbildung 52 A).

SPEZIALPALETTEN FÜR AQUARELLFARBEN

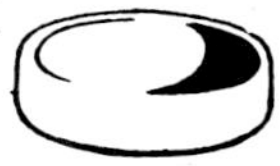

54

Abgesehen von diesen Palettkästen sind spezielle Paletten für die Aquarellmalerei auf dem Markt, unter anderem auch Palettkästen für Tubenfarben (siehe Abbildung 59).

Bei der Arbeit im Atelier kann der Kunstmaler ebensogut einen einfachen Teller als Palette benutzen, die Farbe auf den Rand setzen und die Mischungen in der Mitte vornehmen. Desgleichen werden häufig einzelne kleine Gefäße aus Porzellan oder Plastik mit ein oder mehreren Fächern verwendet (Abbildung 54, 55 und 56).

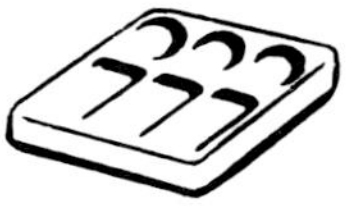

55

Sei noch erwähnt, daß viele Kunstmaler im Atelier beim Ausführen kleinerer Arbeiten einfach ein Blatt Papier als Palette benutzen und darauf die Mischungen vornehmen und die Farbversuche ausführen.

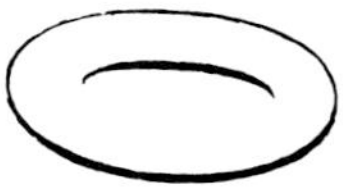

56

Doch welche Methode man auch immer anwendet: Wichtig ist, daß die Farben in einer bestimmten Reihenfolge geordnet sind, die man stets beibehält, und daß man auch die Mischungen immer an derselben Stelle vornimmt. Das erleichtert die Arbeit und führt zu saubereren Ergebnissen.

LAPPEN, SCHWÄMME UND SAUGPAPIER

Bei der laufenden Arbeit muß unbedingt jederzeit eine Rolle Saugpapier wie zum Beispiel das Küchenpapier zur Hand sein, mit dem man den Pinsel trocknet und den Wasserüberschuß aufnimmt.

Manche Künstler benutzen auch einen kleinen Schwamm, den sie am Stiel eines nicht benutzten Pinsels befestigen. Mit dem Schwamm befeuchten sie das Papier vor dem Malen mit sauberem Wasser, saugen das Wasser und die Farbe einer bestimmten, noch feuchten Stelle ab oder erreichen damit spezielle Strukturen oder Schlußeffekte. Guillermo Fresquet ist dieses Verfahren und seine Anwendung bekannt; er benutzt es jedoch nicht. Er bevorzugt dafür einen Flachpinsel. Im Atelier verwenden Berufskünstler dafür manchmal auch weißes Löschpapier, um Struktureffekte zu erzielen, Wasser und Farbe abzusaugen und letzte Hand an die Arbeit zu legen.

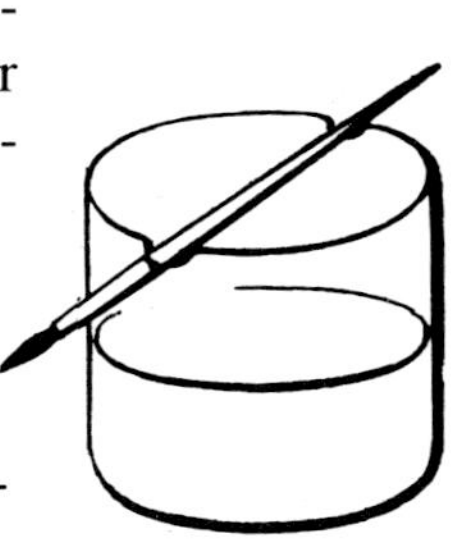

57

DIE WASSERGEFÄSSE

Für Aquarellfarben benutzt man frisches Leitungswasser. Am besten verwendet man für die erste und die zweite Wäsche des Pinsels getrennte Gläser. Im Handel finden sich speziell dafür entworfene Gefäße mit zwei Einkerbungen am oberen Rand, in denen sich der Pinsel ablegen läßt (Abbildung 57). Aber wie bereits im Kapitel über die Lavierungen erwähnt, läßt sich jedes Glasgefäß dafür verwenden, vorausgesetzt, es ist groß genug, damit das Wasser nicht zu rasch verschmutzt.

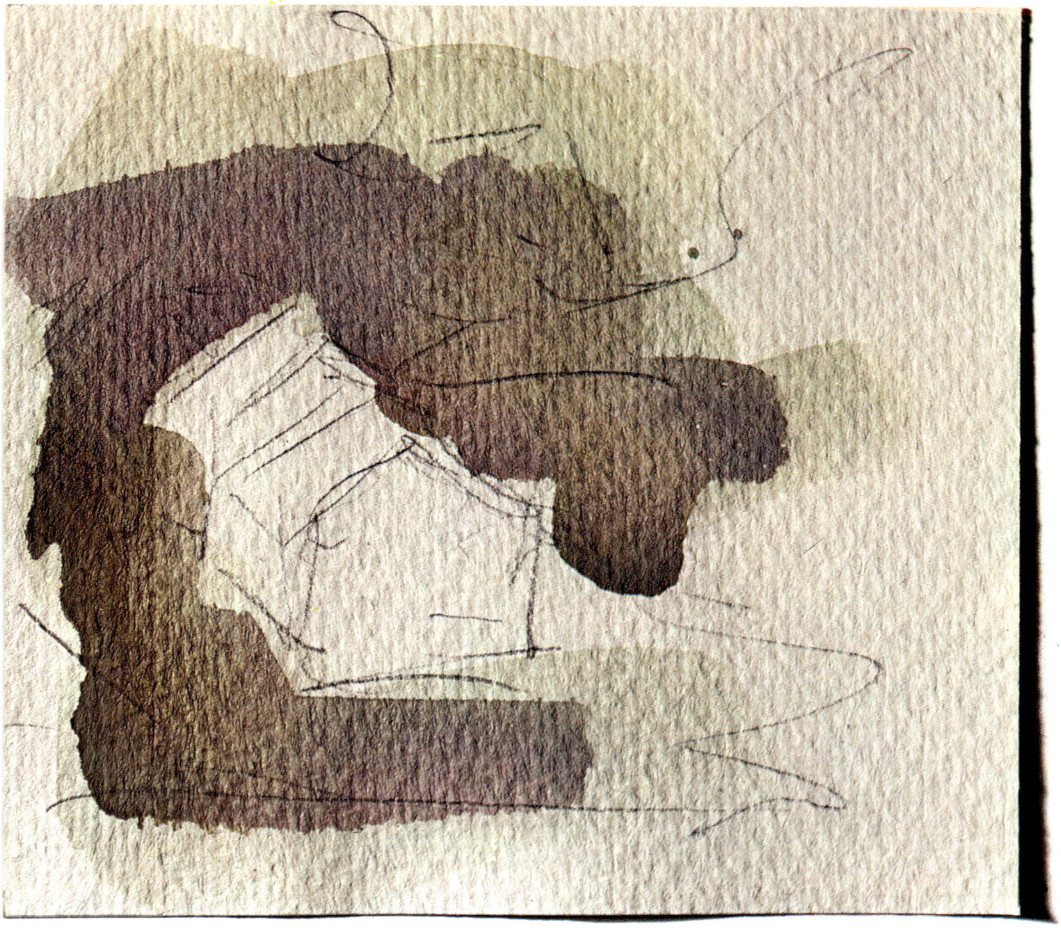

Typische Oberflächenstruktur eines Aquarellpapiers.

AQUARELLPAPIER

Merkmale des Aquarellpapiers.

Für die Aquarellmalerei verwendet man weißes Papier. Marke und Qualität sind von entscheidender Bedeutung. Generell ist festzustellen, daß jedes körnige, gutverleimte Papier von gewisser Festigkeit, das also etwas dicker ist, für die Aquarellmalerei geeignet ist. Konkret gesagt:
Aquarellpapier muß sehr sorgfältig hergestellt und mit einer speziellen Verleimung versehen sein. Diese gute Qualität hängt im Prinzip vom Rohstoffmaterial ab, das bei Luxuspapier aus einer sehr feinen Masse auf der Basis von Stoff besteht. Man erhält das Papier, indem man eine dünne Schicht des feuchten Papierbreis auf ein Metallsieb gibt, so daß das überschüssige Wasser ablaufen kann. Anschließend wird das Blatt einer Reihe von Bearbeitungsverfahren unterzogen, darunter auch dem Leimen. Für uns ist wichtig, daß die Saugfähigkeit während des Malens von der mehr oder weniger großen Menge Klebemittel abhängt. Ein völliges Fehlen die-

ses Klebemittels würde zum Zerfließen der Farbe führen, als ließe man einen Wassertropfen auf ein Löschblatt fallen. Eine zu starke Verleimung ergäbe dagegen quasi eine Wasserundurchlässigkeit. Das heißt, die Farbe-Wasser-Mischung würde schlecht trocknen, und dies wiederum könnte zu Brüchen und Unregelmäßigkeiten während des Lavierens führen. Ideal ist es, wenn die Verleimung ein relativ rasches Trocknen der Aquarellfarben ermöglicht und doch dem Pinsel ausreichend Zeit läßt, die Restflüssigkeit aufzunehmen, die Farben zu verändern etc., solange sie noch feucht sind. Müßte der Künstler mit dem Weitermalen zu lange warten, wäre es der Spontanität des Werkes abträglich.

Möglichkeiten entsprechen dem Korn.

Das Papier sollte rauh sein und ein tadellos sichtbares Korn besitzen, so daß sich die Farbschichten ohne Brüche auftragen lassen und als winzige Farbpunkte erscheinen, die für das Aquarell so charakteristisch sind. Ich weise deshalb nochmals darauf hin, daß satiniertes oder sehr feinkörniges Papier für die Aquarellmalerei ungeeignet ist.

Das Korn des Papiers ist ein entscheidender Faktor für das endgültige Erscheinungsbild des Werkes. Ein gröberes Korn wird im allgemeinen für großformatige Bilder bevorzugt, die über das ganze Blatt gehen. Hier führen das grobe Korn und folglich die Ablagerung der mit dem Pinsel quasi aufgebürsteten Farbe in den Zwischenräumen zu einer reichen, farbigen Darstellung, die letztendlich der impressionistischen Auffassung nahekommt. Feinkörniges Papier führt dagegen zu einem größeren Verfließen der Farbe und folglich zu einem feiner ausgearbeiteten Endergebnis, das bei kleinformatigen Bildern angezeigt ist und daher für Buch- und Werbeillustrationen Verwendung findet.

Das Problem des Wellens infolge von Feuchtigkeit.

Ich weise nochmals darauf hin, daß satiniertes oder sehr feinkörniges Papier für die Aquarellmalerei ungeeignet ist.

Schließlich muß das Papier über ein ausreichendes Korn verfügen, um sich infolge der Feuchtigkeit nicht zu wellen und keine Dellen und Falten zu werfen. Solche Dellen und Falten sind sowohl für den Freizeitmaler als auch für den Kunstmaler ausgesprochen ärgerlich. Erinnern Sie sich in diesem Zusammenhang daran, daß das Papier aufgezogen und gespannt werden muß, um ein Verziehen durch die Aquarellfarbe zu verhindern, wie bereits im Kapitel über die Lavierung ausgeführt. Fresquet erklärt dazu: “Als vorübergehende Maßnahme kann man das Papier mit einem Pinsel anfeuchten und es anschließend mit Hilfe von acht oder zwölf Klammern auf einem Zeichenbrett befestigen. Dadurch erhält man ein relativ gutgespanntes Papier!”

Hersteller von gutem Markenpapier.

Im Handel befinden sich mehrere Markenpapiere, die die erforderlichen Merkmale aufweisen. Zu nennen sind hier die Firmen Canson, Whatman (England), Turn, Universal, Schoellershammer und Hahnenmühle (Deutschland) und Guarro (Spanien). Das Papier wird generell als Aquarellpapier bezeichnet. Alle Hersteller bieten Papier unterschiedlicher Stärke und Körnigkeit an. In den meisten Fällen ist die Marke als Wasserzeichen zu erkennen. Desgleichen gibt es Aquarellblocks auf Pappe. Bei ihnen wird nicht nur das Problem des Wellens und damit der Falten und Dellen infolge von Feuchtigkeit umgangen. Die Pappe bildet gleichzeitig eine Unterlage und kann das Zeichenbrett ersetzen.

Ich kann Ihnen nur raten, mehrere Qualitäten und Marken auszuprobieren, bis Sie die Sorte gefunden haben, die Ihrem Temperament und Ihrer Technik am meisten entspricht, und dann bei diesem Papier zu bleiben.

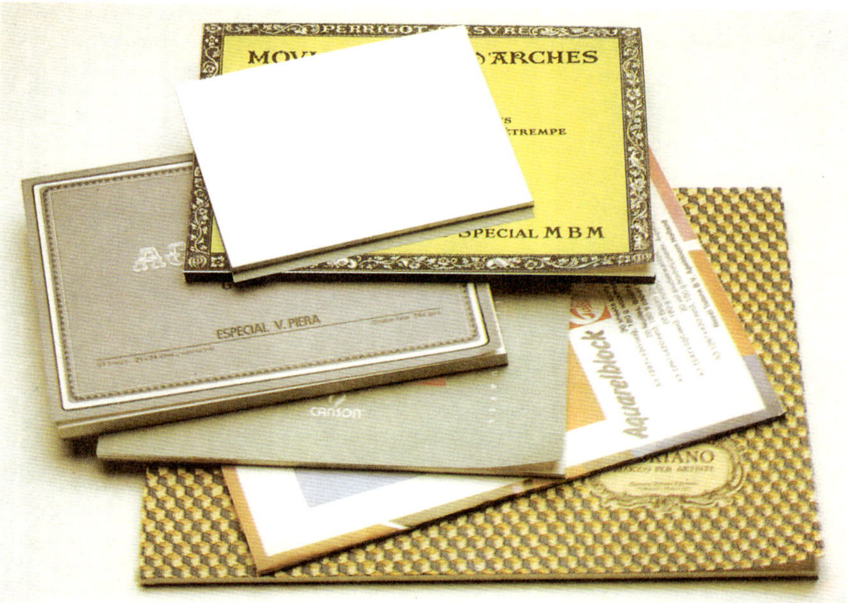

58 A

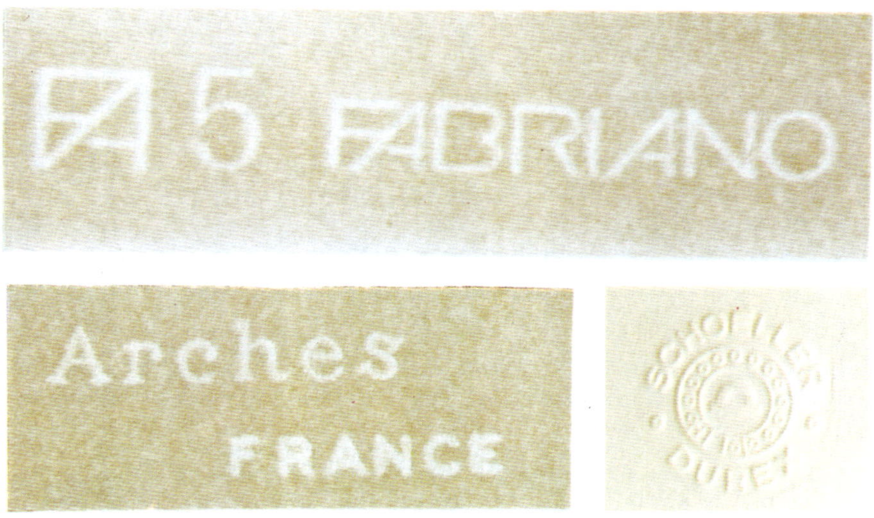

58 B

UNTERLAGEN

Zeichenbrett oder -karton als Unterlage.

Je nach den Umständen benutzt Fresquet normalerweise ein Stück Pappe oder ein Zeichenbrett als Unterlage. Auf dem hölzernen Zeichenbrett wird das Blatt Papier mit Reißzwecken befestigt, auf Pappe mit Metallklammern. Anschließend legt er Pappe bzw. Brett auf einen Zeichentisch, der

entsprechend der Wassermenge, die Fresquet zu benutzen gedenkt, mehr oder weniger stark geneigt wird.
Natürlich sollte das in den vorigen Abschnitten beschriebene Material durch gewisse Ausrüstungsgegenstände ergänzt werden, wenn man nach draußen gehen möchte, um zum Beispiel eine Landschaft, einen Bootssteg etc. unter freiem Himmel zu malen. Glasgefäße sind draußen zum Beispiel ziemlich unpraktisch. Nachstehend finden Sie eine Auflistung mit den wesentlichen Merkmalen des besonders benötigten Materials.

BESONDERE AUSRÜSTUNG FÜR DAS MALEN IM FREIEN

Natürlich kann man mit dem bisher beschriebenen Material notfalls im Freien arbeiten. Mit einem einfachen Zeichenkarton, einem Aquarellkasten, einer Flasche, einem unzerbrechlichen Gefäß und entsprechendem Wasservorrat wird Ihnen das Malen auch ohne Staffelei und Hocker viel Freude bereiten. Suchen Sie sich einen schattigen Platz mit einem Baumstumpf oder einem Stein, und setzen Sie sich darauf.

EIN FARBKASTEN

Benutzt man tablettenförmige, feste Farben, reicht der Kasten mit dem Ring am Boden und dem in Fächer unterteilten Deckel, in dem sich die Farben auflösen und mischen lassen, als Palette aus. In dieser Hinsicht ist die Benutzung von Farbtabletten bequemer. Zieht man jedoch Tubenfarben vor, kann man jenen Palettkasten verwenden, von dem bereits die Rede war – zur Aufbewahrung und zum Transport der Tuben, Pinsel, Gefäße, etc. benötigt man einen kleinen Holzkasten. Im Handel sind spezielle Kästen zur Unterbringung der Farben, der Palette, der Lappen und selbst eines Metallgefäßes für das Wasser.

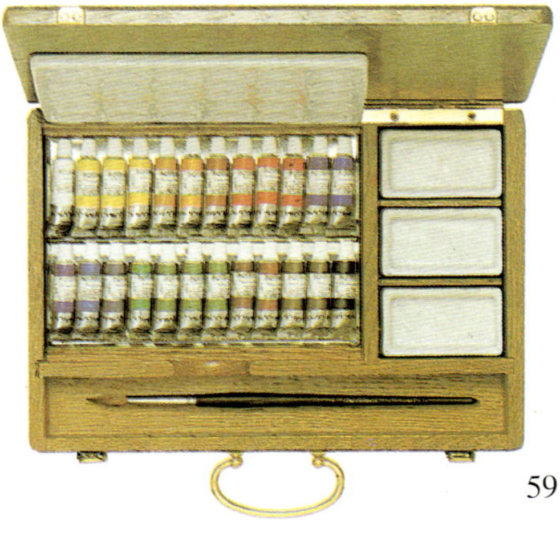

59

Spezieller Arbeitskasten für das Aquarellmaterial.

MATERIAL ZUM MALEN MIT AQUARELLFARBEN

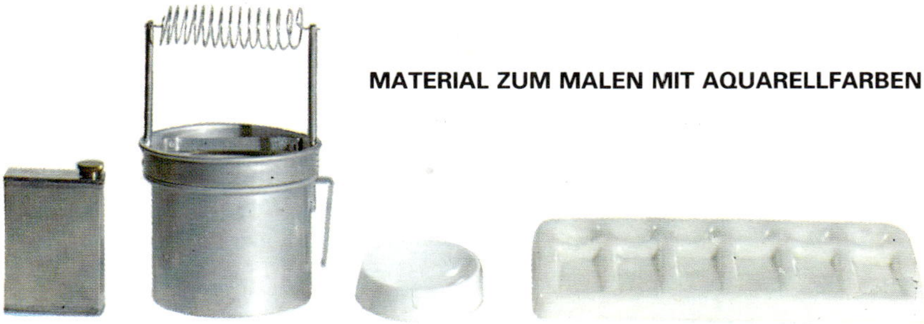

Oben A und B: Gefäße für die Verdünner von Ölfarben und zum Reinigen der Pinsel, die sich ebenfalls für die Aquarellmalerei eignen. C und D: Napf und Palette für Aquarellfarben. Links: E und F Staffelei und zusammenlegbarer Hocker sowohl für die Öl- als auch für die Aquarellmalerei.
Rechts G, H und I: Spezielle Aquarellstaffelei, Zeichenbrett und Kasten für Öl- und Aquarellfarben.
Naturthemen eignen sich vielleicht am besten als Motiv für die Aquarellmalerei, also das Land selbst, Städte, Bootsanleger,

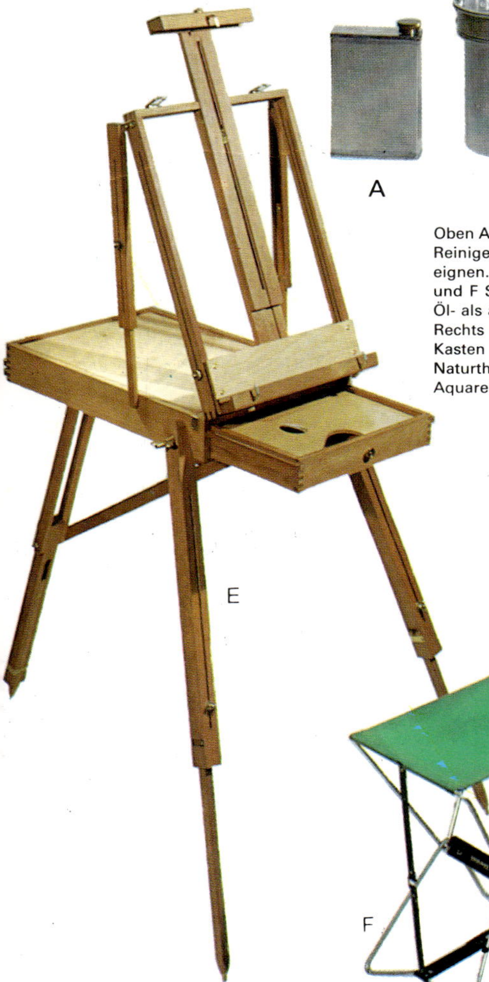

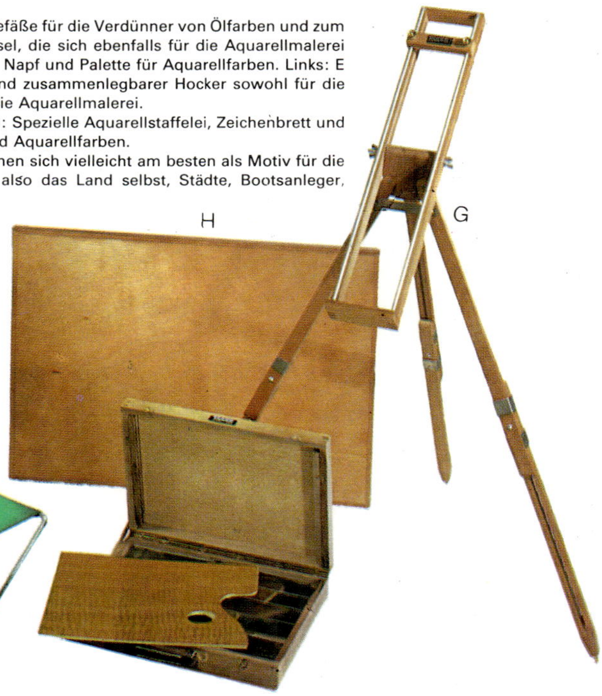

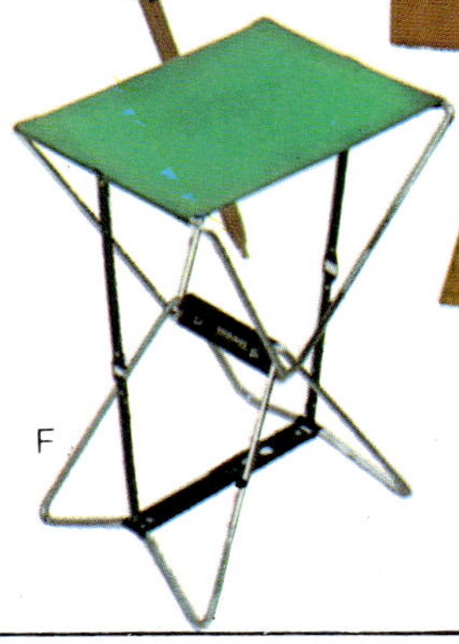

hübsche Motive mit alten Häusern, Straßen, typische Plätze, Ansichten von Schiffen auf dem Strand, Hafen- und Industrieszenen etc.
All diese Themen berühren aufgrund ihrer Schönheit oder als Zeugnis des menschlichen Lebens die Sensibilität des Künstlers.

50 EINE PALETTE

Eine Palette.

Zum Malen mit Tubenfarben benötigt man unbedingt eine Palette. Sie kann die klassische Form besitzen, wie man sie zum Malen mit Ölfarben verwendet, oder auch ein spezielles Gerät sein.

EIN PINSELETUI

Schutz für die Pinsel.

Es ist vielleicht ganz angebracht, sich ein Etui aus Leder oder Kunststoff für die Pinsel zuzulegen, um das Haar und die Spitzen zu schützen. Ersatzweise reichen auch zwei Pappscheiben, die mit einem Gummiband zusammengehalten werden.

WASSERGEFÄSSE

Ein Plastikgefäß mit einem Fassungsvermögen von zwei bis drei Liter reicht aus, um genügend Wasser zum Malen mit ins Freie nehmen zu können. Darüber hinaus benötigen Sie einen Napf aus Aluminium oder Kunststoff.

Spezialgefäße für das Wasser.

EINE ZEICHENMAPPE

Selbst wenn Sie eine Staffelei benutzen, benötigen Sie eine Zeichenmappe, um das Aquarellpapier zu transportieren und vorzubereiten und nach Abschluß der Arbeit wieder heimzubringen.
Wie bereits erwähnt, kann diese Zeichenmappe draußen die Staffelei ersetzen.

Eine Zeichenmappe.

FELDSTAFFELEI

Dies sind zusammenlegbare, speziell für die Aquarellmalerei gebaute Staffeleien. Manche besitzen sogar einen integrierten Farbkasten. Ebensogut eignet sich jedoch eine Feldstaffelei für die Malerei mit Ölfarben, die man für die Aquarellmalerei ein wenig umrüstet. Die Anpassung beschränkt sich in den meisten Fällen auf den Austausch von Leinwand und Zeichenpappe gegen Papier.

Spezialstaffelei oder normale Staffelei für die Ölmalerei.

EIN HOCKER

Damit die Auflistung vollständig ist, darf der zusammenlegbare Hocker nicht fehlen, mit dem wir uns überall hinsetzen können. Es gibt ihn aus Holz oder Metall mit einer Stoffbespannung – für jedes Körpergewicht und jeden Geschmack. Ein Modell ist auf der vorhergehenden Seite abgebildet (F).

Hocker.

DIE MÖGLICHKEITEN DER AQUARELLMALEREI

Als Technik steht die Aquarellmalerei nach der Malerei mit Ölfarben an zweiter Stelle. Sie bietet hinsichtlich der Themenwahl praktisch unbegrenzte Möglichkeiten, wie es die Vielzahl der Landschaften, Stilleben und Porträts in den Museen und Galerien beweist.

Möglichkeiten.

Der Künstler benutzt Aquarellfarben ebenfalls für kleinformatige Skizzen großer Gemälde, die anschließend in Öl ausgeführt werden sollen oder als Vorlage für dekorative Fresken in Öl, Gouachen etc. dienen.
Ferner werden die Aquarellfarben bei Entwürfen für architektonische Arbeiten und Skizzen der Innendekorationen verwendet, um die Perspekti-

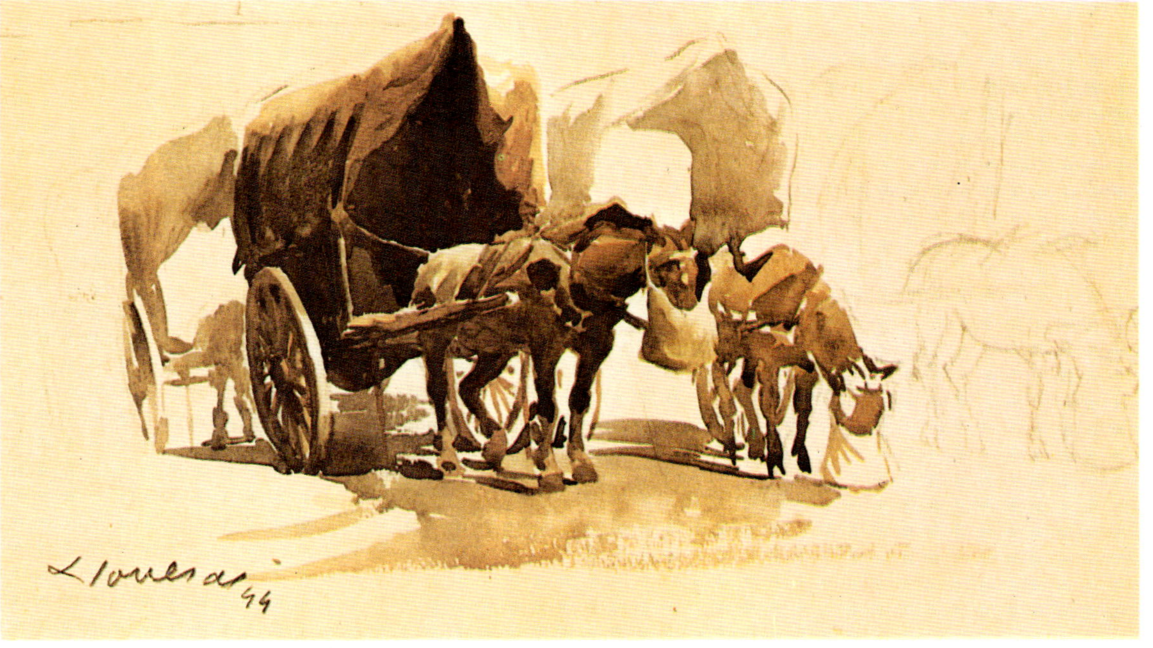

61 A

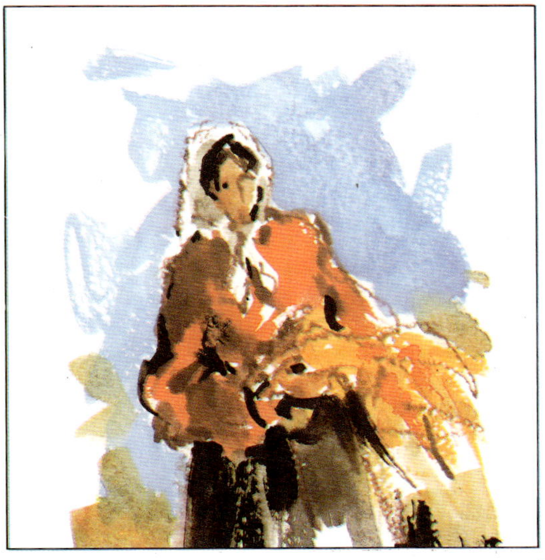

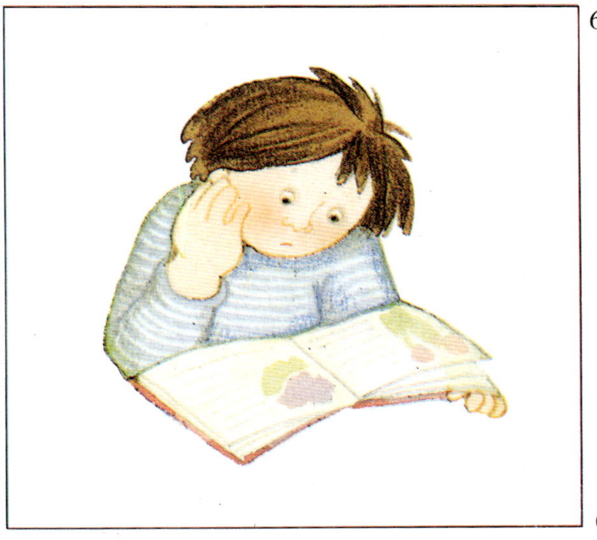

61 C

61 B

Kurzer Überblick über die Ausdrucksmöglichkeiten des Aquarells.

ven eines Bürohauses, eines Kaufhauses oder das Interieur im allgemeinen aufzuzeigen und auch Maschinen, Einrichtungsgegenstände und anderes zu zeichnen.

Das Aquarell in der Werbe- und Gebrauchsgrafik.

In der Werbung und der Gebrauchsgrafik wird die Aquarelltechnik sowohl für Plakate als auch für Buchumschläge, farbige Illustrationen für Zeitschriften, Bücher, Prospekte, Vignetten oder Etiketten verwendet.

Aquarellfarben eignen sich ebenfalls hervorragend zur Illustrierung von Kinderbüchern, Märchen, Lexika und Fibeln. Sie sind das Beste zum Zeichnen der Vorlagen für Trick- und Werbefilme, und zwar sowohl für die Figuren als auch für den Hintergrund.

Die einzige Beschränkung eines Aquarellbildes liegt in seiner Größe. Für großformatige Werke, Gemälde oder dekorative Tafeln, die die Standardmaße eines Aquarellpapierblattes überschreiten (47 × 68 cm oder 52 × 65 cm) ist diese Technik nicht geeignet. Normalerweise arbeitet man mit dem Format eines halben Blattes (34 × 47 cm oder 32 × 52 cm).

Gebräuchliche Maße des Aquarellpapiers für künstlerische Arbeiten.

Bei Arbeiten für die Werbung oder in der Gebrauchsgrafik gibt es selbstverständlich keine Standardmaße. In der Regel wird die Illustration im Maßstab 1:1 oder proportional vergrößert angelegt, wobei die Vergrößerung das Eineinhalbfache nicht übersteigen soll. Ein Beispiel: Ein Bucheinband im Format 14 × 20 cm kann entweder in dieser Größe oder mit einer Vergrößerung um 25 Prozent (17,5 × 25 cm) oder um 50 Prozent (21 × 30 cm) angelegt werden. Diese proportionale Vergrößerung ermöglicht die beste Reproduktion im erforderlichen verkleinerten Format.

THEORIE, TECHNIK UND AUSFÜHRUNG DER AQUARELLMALEREI

Beim Vergleich eines Ölbildes mit einem Aquarell stellt man sofort fest, daß die Farbschicht des Ölbildes wesentlich dicker ist und man bei ihrem Auftrag die Deckfähigkeit der Farben ausgenutzt hat. Die Schichten des Aquarells sind dagegen hauchdünn, unsichtbar und transparent. Sie begnügen sich damit, das Papier zu tönen. Diese Transparenz ist eines der Hauptmerkmale des Aquarellbildes. Sie entsteht aus der einfachen Tatsache, daß man beim Aquarell Wasser und nicht weiße Farbe zum Aufhellen der Töne verwendet. Will ein Künstler, der mit Ölfarbe arbeitet, ein Rosa erzielen, mischt er Rot und Weiß und erhält ein deckendes Rosa, mit dem er übermalen und selbst eine dunklere Farbe abdecken kann. Bei der Aquarellfarbe geht man in diesem Fall vom Rot aus und verdünnt es so weit, daß das Weiß des Papiers durch die hauchfeine Farbschicht hindurchscheint. Das Papier wird also zum Regulativ für die Farbtöne, es spielt dieselbe Rolle wie die weiße Ölfarbe. Bei wenig roter Farbe und einem großen Anteil Wasser scheint das Weiß des Papiers durch, und man erhält ein blasses Rosa. Erhöht man den Farbanteil, verringert sich die Transparenz; das Weiß des Papiers macht sich nicht so stark bemerkbar, und das Ergebnis ist ein kräftiges Rosa. Verwendet man schließlich nur wenig Wasser, deckt die Farbschicht, auch wenn sie noch so fein ist, das Weiß ab, und man erhält ein intensives Rot.

Beim Aquarell ist das Papier das Regulativ für die Töne und die Stärke der Farben.

Welche Bedeutung hat die Tatsache, daß sich die Aquarelltechnik im wesentlichen auf die Transparenz stützt?

62

ERSTENS: BEIM MALEN MIT AQUARELLFARBEN IST ES UNMÖGLICH, EINE HELLE FARBE AUF EINEN DUNKLEN TON AUFZUTRAGEN.

Kehren wir noch einmal kurz zu den Ölfarben zurück. Stellen Sie sich vor, Sie hätten eine violette Fläche in Öl gemalt. Könnten Sie ein helles Gelb darüberlegen? Selbstverständlich! Vielleicht wäre es notwendig zu warten, bis die violette Farbschicht getrocknet ist – das hängt vom Einzelfall ab –, aber grundsätzlich besteht keine Schwierigkeit. Wollten Sie dagegen bei der Aquarellmalerei ein helles Gelb erzielen, müßten Sie Gelb in viel Wasser lösen, könnten die violette Farbschicht damit jedoch nicht überdecken.

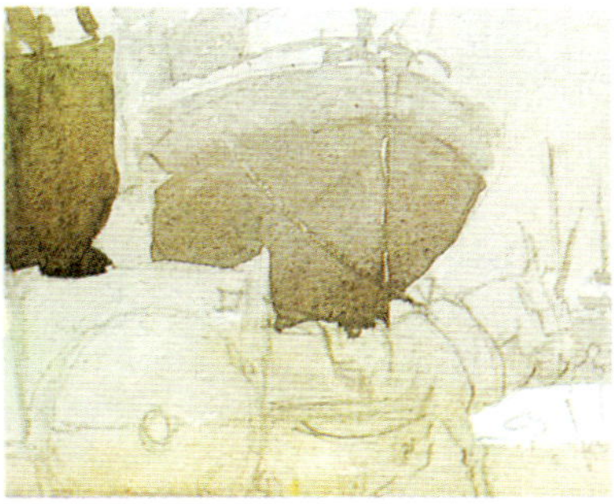

63 A

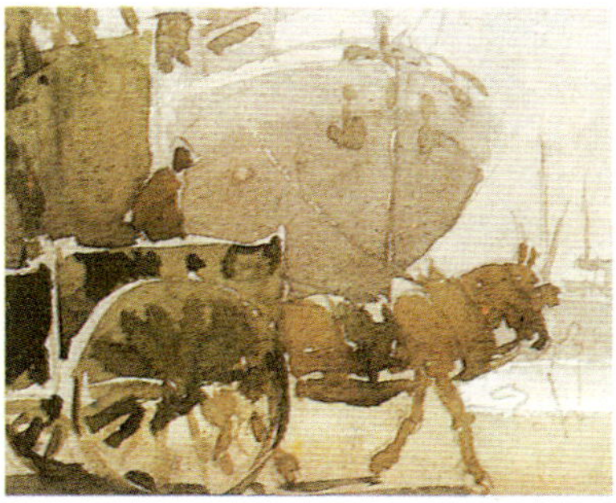

63 B

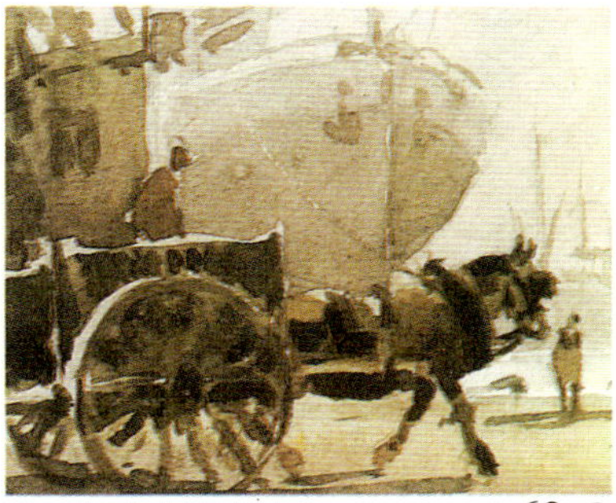

63 C

ZWEITENS: BEIM MALEN MIT AQUARELLFARBEN ARBEITET MAN VON HELL NACH DUNKEL.

Das heißt, man verstärkt die Töne und Werte stufenweise und sollte dabei stets bedenken, daß später immer noch Zeit ist, zum Beispiel eine weitere Blauschicht über ein helles Blau zu legen, um dadurch den Farbton abzudunkeln, während ein Zurück unmöglich ist. Das bringt uns zu einer dritten Konsequenz:

DRITTENS: BEIM MALEN MIT AQUARELLFARBEN MÜSSEN DIE WEISSEN UND SEHR HELLEN FARBFLÄCHEN IM VORAUS AUSGESPART WERDEN.

Befindet sich zum Beispiel in einer Landschaft, die wir malen wollen, ein kleines, von Bäumen und Sträuchern umgebenes Haus, müssen wir das Grün des Laubes und der Bäume als erstes malen und die weiße Fläche für das Haus dabei aussparen.
Läuft ein heller erdfarbener Weg am Haus entlang, muß auch hier zunächst das helle Siena gemalt werden (es wäre auch anschließend möglich; aber dann müßte der Platz für seinen Verlauf ausgespart werden), dem man das

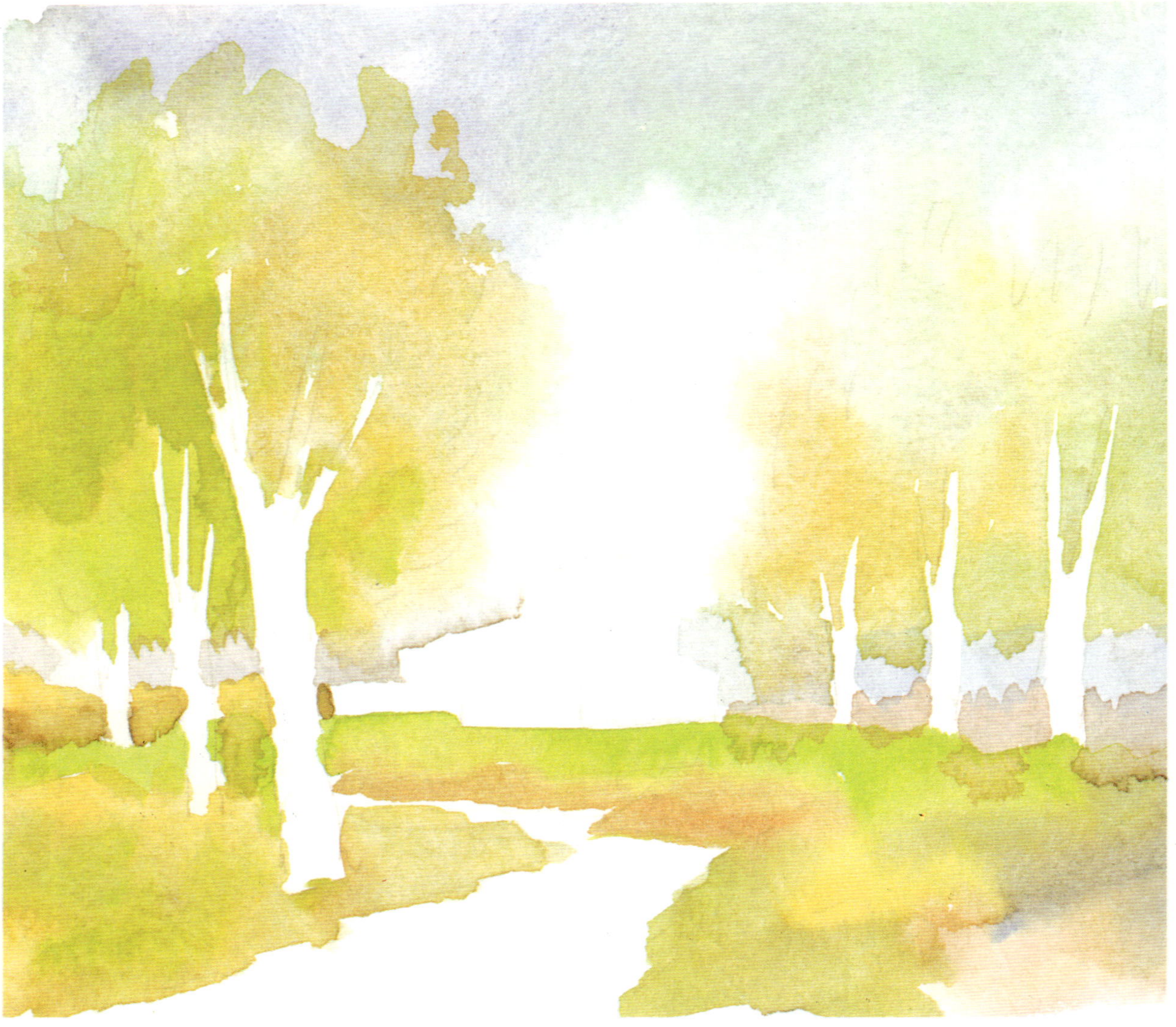

64

Siena gebrannt überlegt, um ihn genau abzugrenzen. Auch in diesem Fall arbeitet man also von Hell nach Dunkel und hat dabei stets die Möglichkeit, die Farbe des Weges und der Hänge durch Auftragen einer weiteren Schicht zu verstärken (Abbildung 65).

Das ist gar nicht so schwierig, wie es klingt. Die Intensivierung der Farbtöne durch Auftragen neuer Schichten gibt uns in manchen Fällen zusätzlich die Möglichkeit, die Farbe nachträglich zu verändern. Nehmen Sie einmal an, Sie hätten eine Wiese gemalt. Nach dem Auftragen der ersten Schicht stellen Sie bei dem Grün einen zu starken Gelbstich fest. Nun brauchen Sie

Veränderung von Farben durch Überlagerung von Schichten.

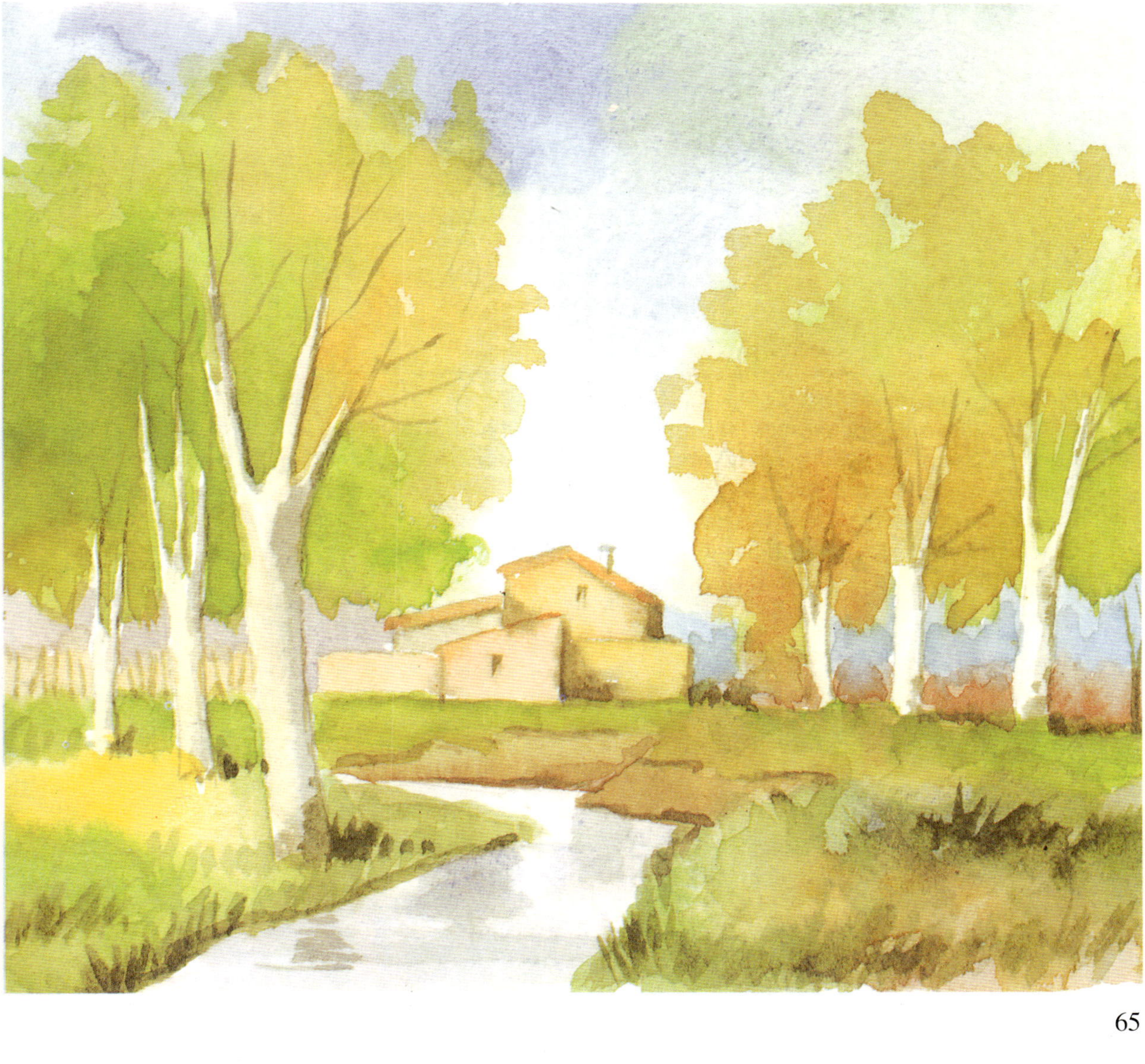

65

nur eine Schicht Grünblau oder Hellblau darüberzulegen, und schon wird das Grün blaustichig und verliert das Gelb. Möglich ist auch, daß sich auf der Wiese ein Baum oder ein Strauch mit dunkelgrünem, leicht rotstichigem Laub befindet – also ein Braungrün oder Khaki. In diesem Fall reicht es, mit einem rötlichen Grün oder sogar mit einem kräftigen Rosa über das helle Grün zu gehen, damit die beiden Farben infolge der Transparenz die gewünschte Tönung erhalten.
Das beim Aquarellieren angewandte Verfahren erinnert uns an die Tatsache, daß man unterschiedliche Farbtöne nur durch Überlagern oder Mischen erhält. Das möchte ich hier noch einmal unterstreichen.

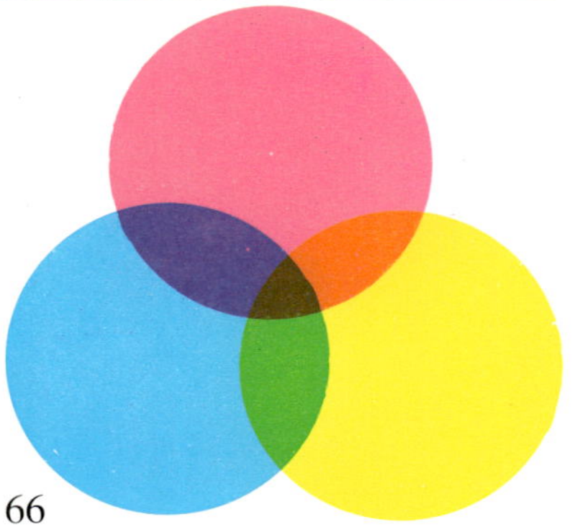

66

Mit den drei Grundfarben
ZYANBLAU
PURPURROT
GELB
LASSEN SICH ALLE NATURFARBEN
SCHWARZ
EINSCHLIESSLICH
MISCHEN.

Verzeihen Sie, wenn ich an dieser Stelle nochmals darauf hinweise, denn natürlich ist es Ihnen bereits bekannt: Durch Mischen von zwei Grundfarben erhält man die drei sogenannten Zweitfarben. Mischt man diese wiederum mit einer Grundfarbe, erhält man die sechs Drittfarben. Mischt man die Grundfarben und die Zweitfarben mit einer Drittfarbe, erhält man die zwölf Viertfarben etc. etc., bis hin zu einer unendlichen Palette. Sie erinnern sich, nicht wahr? (Abbildung 67). **Farbentheorie.**

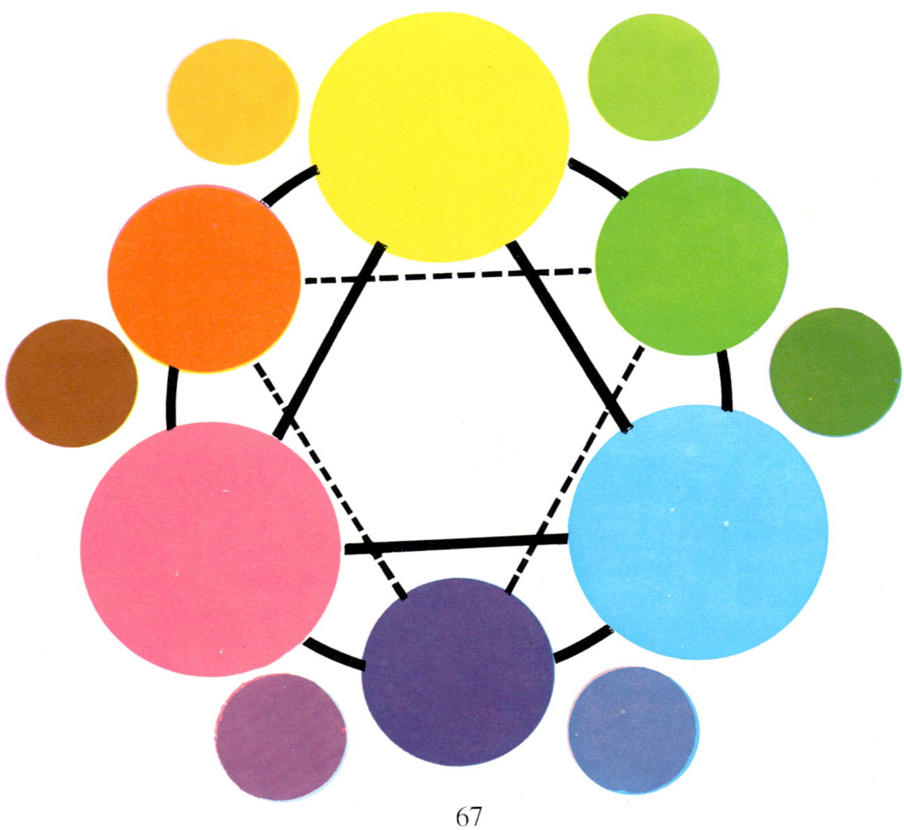

67

GRUNDFARBEN UNTER SICH		ZWEITFARBEN
Gelb	**+ Zyanblau**	**= Grün**
Purpurrot	**+ Gelb**	**= Rotorange**
Zyanblau	**+Purpurrot**	**= Dunkelblau**
GRUNDFARBEN	+ ZWEITFARBEN	= DRITTFARBEN
Gelb	**+ Grün**	**= Hellgrün**
Zyanblau	**+ Grün**	**= Smaragdgrün**
Zyanblau	**+ Dunkelblau**	**= Ultramarin**
Purpurrot	**+ Dunkelblau**	**= Violett**
Purpurrot	**+ Rotorange**	**= Dunkelkarmin**
Gelb	**+ Rotorange**	**= Orange**

Guillermo Fresquet gibt uns mit dieser herrlichen Skizze ein Beispiel für die Möglichkeiten der nassen Aquarelltechnik, bei der die Farben also auf die angefeuchtete Fläche aufgetragen werden. Das erzeugt die einmalige Atmosphäre, die Sie auf dem nebenstehenden Bild selbst erkennen. Im nächsten Kapitel werden wir die Technik im einzelnen untersuchen und auch einige Übungen, die uns der Künstler nennt und zum Teil illustriert, durchführen.

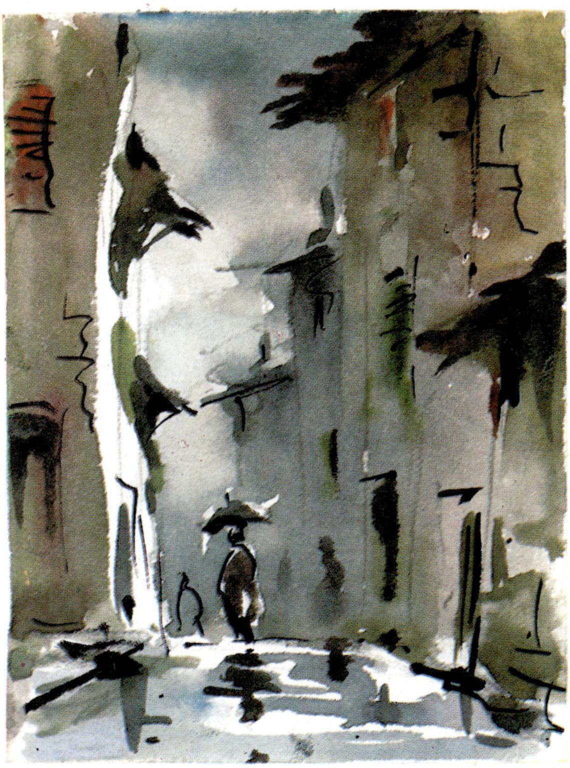

68

Bisher haben wir uns mit der Theorie und den Regeln der Aquarellmalerei befaßt. Jetzt kommen wir zur Technik und ihrer Anwendung mit allen Tricks und Hilfsmitteln, mit denen sich manche dieser Regeln abwandeln lassen. Das betrifft zum Beispiel das Prinzip, nach dem man grundsätzlich von Hell nach Dunkel arbeitet und die weißen und sehr hellen Flächen ausspart.
Das ist durchaus kein Widerspruch. All diese Regeln behalten prinzipiell ihre Gültigkeit. Aber...

DIE EIGENTLICHE SCHWIERIGKEIT DES AQUARELLIERENS: DAS ZÜGIGE ARBEITEN

Ein Bild in Aquarelltechnik läßt sich nicht in mehreren Sitzungen herstellen; zumindest kein Aquarell im herkömmlichen Sinne. Maniriertheit und Sorgfalt hat vielleicht den einen oder anderen Künstler im vorigen Jahrhundert dazu veranlaßt, die Arbeit zu unterbrechen und am nächsten Tag wieder aufzunehmen. Die heutige Aquarelltechnik gestattet dies jedoch nicht. Alle Künstler und neueren Abhandlungen gehen davon aus, daß das Aquarell die Darstellung eines einzelnen Eindrucks zeigt, also als ein Werk betrachtet werden muß, das zum Beispiel die Landschaft zu einem bestimmten Augenblick erfaßt, der gerade lange genug andauert, um "diese Sonne, diese Farbe, dieses Licht und Schattenspiel" zu malen. Unter diesen Bedingungen kann der Künstler sich nur in eine Art Rauschzustand versetzen, der wie ein Fieber seinen gesamten Körper erfaßt: seinen Sinn für Proportionen und Abmessungen, das Gedächtnis für Formen, das Erkennungsvermögen der Farben, die Fähigkeit, gleichzeitig zu sehen und zu zeichnen etc. Man braucht nicht mehr als drei Stunden, um eine Landschaft mit Aquarellfarben zu malen. Lassen Sie es mich wiederholen:

Das heutige Aquarell versteht sich als impressive Malerei.

Man benötigt maximal drei Stunden, um eine Landschaft in Aquarellfarben zu malen.

Es ist nicht zuviel behauptet, wenn man sagt, daß diese Schnelligkeit der indirekte Grund für die sogenannte Naß-in-Naß-Technik ist, die von vielen zeitgenössischen Künstlern geschätzt und angewandt wird.

DIE NASS-IN-NASS-TECHNIK

Naß-in-Naß-Technik.

Feuchten Sie das Papier zunächst mit sauberem Wasser an, malen Sie, ohne das Trocknen abzuwarten, eine grüne Wiese darauf und darauf wiederum, ohne sie trocknen zu lassen, eine blaue Gebirgskette. Nutzen Sie die Feuchtigkeit, und legen Sie über das erste Grün ein weiteres dunkleres Grün. 66

Das Seestück auf der linken Seite ist ein Beispiel für ein Aquarell, für das ausnahmsweise mehr als drei Stunden Zeit erforderlich ist. Die Skizze des Hahns und die Landschaft unten auf dieser Seite können in minimal 15 Minuten und maximal drei Stunden gemalt werden.

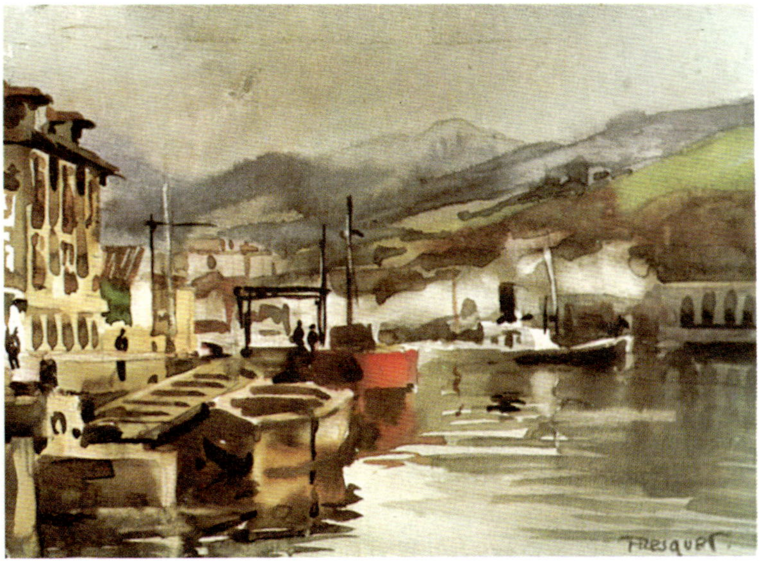

69 A

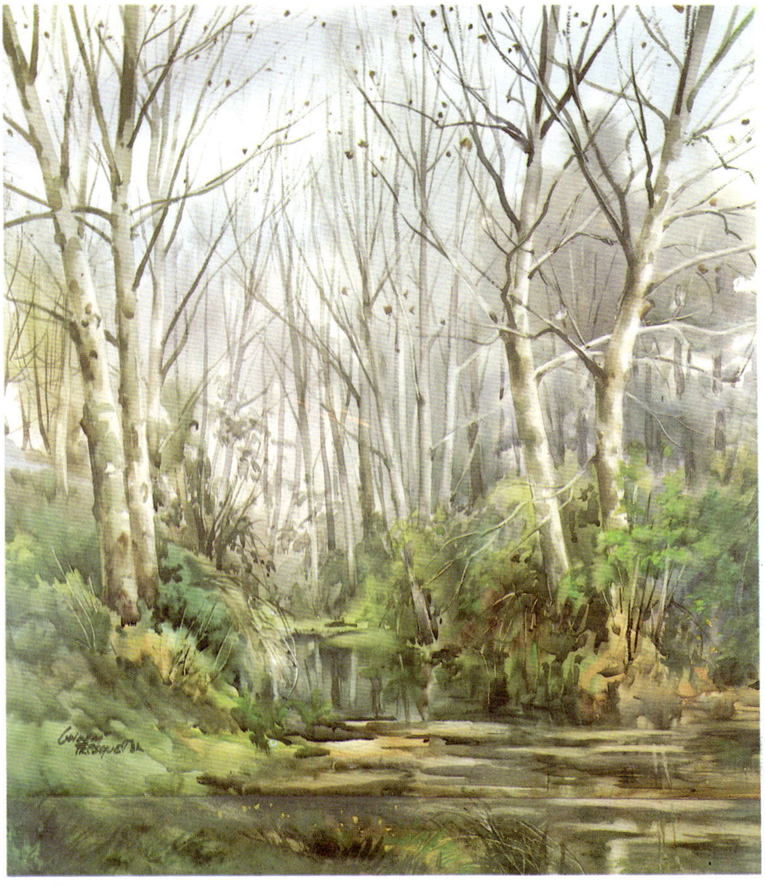

69 B

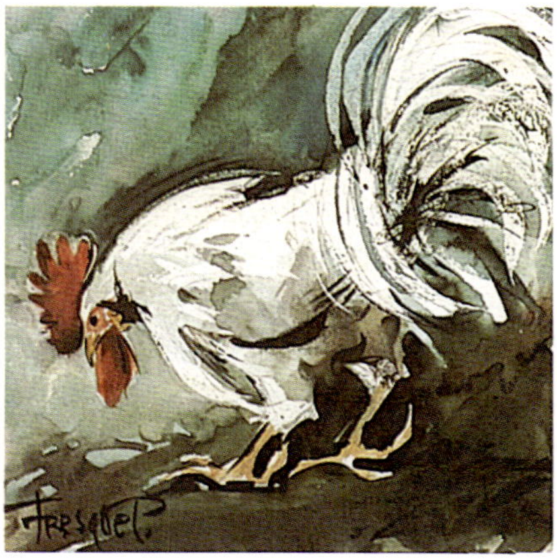

69 C

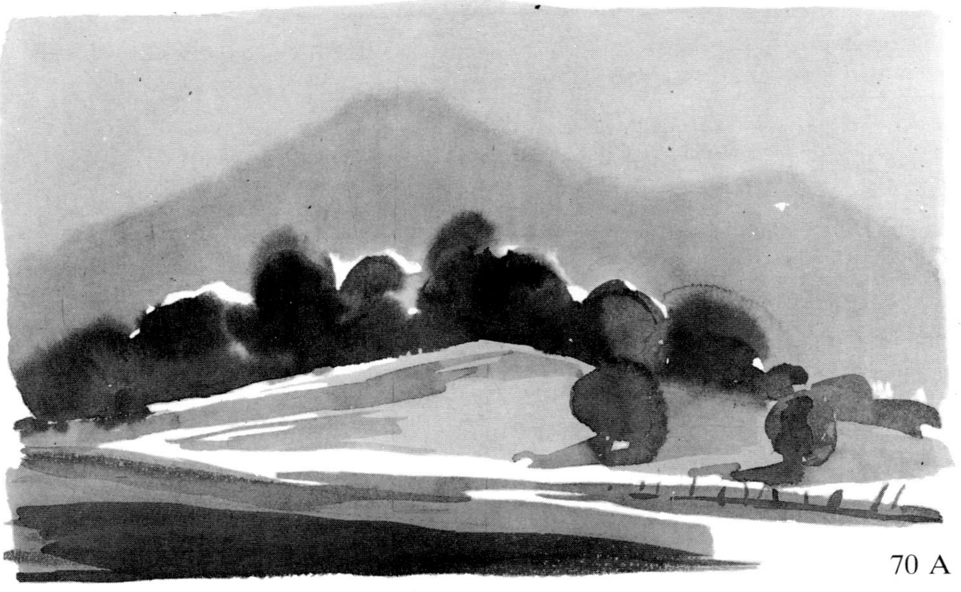

70 A

Malen Sie einen Streifen mit Bäumen und Sträuchern etc. Saugen Sie immer, wenn nötig, die überschüssige Farbe ab, um die Formen abzugrenzen oder Kontraste herzustellen. Fügen Sie weitere Farben hinzu etc. Damit haben Sie ein nasses Aquarell in einem ganz besonderen Stil mit ätherischen Formen und fließenden Begrenzungen vor allem der entfernteren Silhouetten und Körper hergestellt (Abbildung 70 A). Die Effekte, die man mit der "nassen" Aquarelltechnik erzielt, setzt man vor allem bei Motiven mit spärlichen Kontrasten – eine Landschaft ohne Sonne oder an einem regnerischen Tag, Wolkenszenen etc. – ein. Die Technik eignet sich insbesondere für weit zurückliegende Flächen, Himmel, Hintergründe, aber auch für kontrastreiche Szenen wie eine sonnenbeschienene Landschaft.

AUFTRAGEN VON HELLEN FARBEN AUF DUNKLEM GRUND

Wie man Weiß durch Absaugen von Farbe und Wasser mit dem Pinsel erhält.

Beschäftigen wir uns einen Augenblick mit ein paar Tricks, mit deren Hilfe manche theoretische Regel außer Kraft gesetzt werden kann. Das trifft auch bis zu einem gewissen Grad auf das Auftragen von hellen Farben auf einen dunklen Grund zu. Es ist zum Beispiel möglich, die blaue Bergkette, von der im vorigen Abschnitt die Rede war – einem Blaugrau mit dunklem Violett – in eine weiße Fläche "zurückzuverwandeln" und darauf eine Reihe kalkweißer Häuser im Vordergrund anzulegen (Abbildung 70 B). Außerdem kann man die grüne Farbe der Wiese zum Teil wegnehmen und in eine hellere Erdfarbe verwandeln.
Das Verfahren ist ganz einfach. Erinnern Sie sich nur an die Methode, Weiß zu erhalten, die wir im Kapitel über die Laviertechnik erörtert haben. Hier ist es um so leichter, als man davon ausgehen kann, daß das Papier

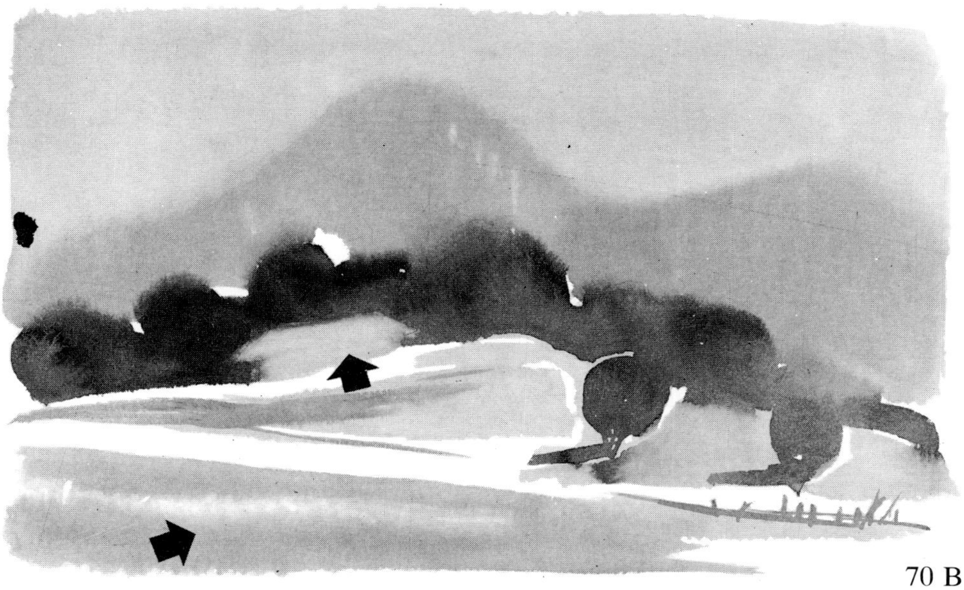

70 B

und die Farbe ständig feucht sind. In unserem Fall reicht es aus, den Pinsel wie bei der Lavierung zu reinigen und zu trocknen und Flüssigkeit und Farbe der entsprechenden Fläche abzusaugen.
Aber machen wir uns keine zu großen Illusionen. Mit Hilfe dieser Technik erhält man ein ätherisches Weiß, ein leicht gebrochenes Weiß also, bei dem ein Hauch der vorherigen Farbe erhalten bleibt. Das ist nur dann akzeptabel, wenn ohnehin kein reines Weiß im Bild existiert oder zumindest nicht erforderlich ist, da sich der Gegenstand relativ weit vom Betrachter entfernt befindet.
Wie bereits erwähnt, kann man eine Farbe mit Hilfe dieser Methode auch verändern. Man sollte jedoch nicht vergessen, daß die erste Farbe die zweite trotz aller Auflösungsversuche immer beeinflussen wird. Die hellere Erdfarbe wird also in unserem Beispiel eine grünliche Nuance oder zumindest ein Zitronengelb behalten. Hält man sich jedoch an die Grundsätze der Harmonie, nach denen immer eine bestimmte Farbpalette mit einem dominierenden Ton gewählt werden sollte, harmoniert dieser sehr leichte Grünstich vielleicht sogar ausgezeichnet mit dem Grün der Bäume. Wir erkennen also, daß dieses Verfahren durchaus seine Berechtigung hat.

Tricks zum Erreichen von Weißflächen.

KLEINE UND GROSSE WEISSFLÄCHEN, DIE NICHT IM VORAUS AUSGESPART WERDEN

Theorie und Praxis haben uns gelehrt, daß Weißflächen von vornherein ausgespart werden müssen und durch das Papier vorgegeben sind. In der reinen Aquarellmalerei sind in dieser Beziehung keine Tricks gestattet.

Läßt man diese Regel außer acht, führte es nur zu einem Flickwerk, zur Disziplinlosigkeit des Anfängers, der unfähig ist, ein gutes Aquarell herzustellen.
Theorie und Praxis sind eine Sache – der Alltag eine andere. Der Kunstmaler setzt sich von Zeit zu Zeit über diese Regel hinweg und bricht sie in aller Heimlichkeit. Manchmal benutzt er einen Maskierfilm oder weiße Wachsfarbe, in anderen Fällen malt er mit dem Stiel des Pinsels, und wenn es gar nicht anders geht, greift er sogar zur weißen Aquarellfarbe.

Aussparen von Weiß mit Wachs.

AUSSPAREN VON WEISS MIT DEM MASKIERFILM

Mit Hilfe eines Maskierfilms, zum Beispiel Rubbelkrepp von Schmincke, läßt sich Weiß in einem Bild von vornherein aussparen. Der Maskierfilm wird mit einem Kunstfaserpinsel an jenen Stellen aufgetragen, die weiß bleiben sollen. Anschließend kann man die Stellen furchtlos übermalen, denn sie nehmen die Farbe nicht an. Nach Abreiben des Maskierfilms taucht das ausgesparte Weiß wieder auf.

AUSSPAREN WEISSER FLÄCHEN MIT WACHS ODER WACHSFARBE

Fahren Sie mit reinem Wachs über ein Blatt Papier, und versuchen Sie anschließend, mit in Wasser gelöster Aquarellfarbe darauf zu malen, stellen Sie fest, daß das Papier an dieser Stelle keine Farbe annimmt und Weiß bleibt, während das Umfeld farbig wird. Wollen Sie also zum Beispiel einen Bootsmast und seine Spiegelung im ruhigen Wasser eines Hafens wiedergeben, brauchen Sie den Mast und die Spiegelung nur mit Wachsfarben zu malen (nachdem Sie zuvor eine Bleistiftskizze des Bildes angefertig haben).
Anschließend können Sie getrost mit dem Pinsel darüberfahren und behalten doch ein leuchtend reines Weiß. Dieses Verfahren wird manchmal auch benutzt, um gewisse Strukturen oder bestimmte Effekte zu erzielen. Das gilt nicht nur für kleine weiße Aussparungen, sondern auch für größere Flächen, über die man mit mehr oder weniger unregelmäßigen Wachsstrichen fährt. Dadurch erhält man eine waffelartige, "gerubbelte" oder gesprenkelte Zone.

Zeichnen weißer Linien mit dem Stielende des Pinsels...

WIE MAN FEINE WEISSE LINIEN MIT DER STIELSPITZE DES PINSELS ZEICHNET

Häufig finden sich in einer Landschaft, einem Seebild oder einem Stilleben kleine "Lichter" oder helle Reflexe in Form dickerer, mehr oder weniger unregelmäßiger Striche: der Widerschein auf einem Zweig oder einem schlanken Stamm, der leuchtende Umriß einer zylindrischen Form, ein wenig von unten und perspektivisch gesehen etc. Wollte man dieses Weiß

... oder mit der Fingernagelspitze.

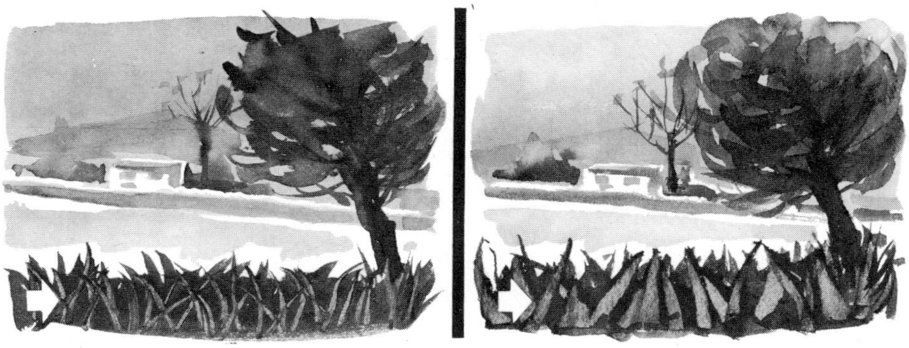

71 A 71 B

mit einem Pinsel wiedergeben, bedeutete das eine erhebliche Anstrengung und würde nicht gerade geringe Schwierigkeiten bereiten. In solchen Fällen benutzt man die Spitze eines Pinselstiels. Das setzt allerdings zweierlei voraus: Der Pinselstiel muß eine abgeschrägte Spitze besitzen, und die zu bearbeitende Fläche muß gut angefeuchtet sein. Aber Achtung! Die Abschrägung darf weder zu scharf sein noch spitz zulaufen. Sie sollte im Gegenteil weiche, abgerundete Kanten besitzen, damit sich auf Anhieb ein breiter Strich ziehen läßt, ohne die Papierfaser zu verletzen. Die Farbe darf erst kurz zuvor aufgetragen worden sein, so daß die Oberfläche noch schwach feucht ist. Unter diesen Voraussetzungen ist die Farbe leicht zu entfernen, und das Weiß des Papiers taucht wieder auf, sobald man mit einer gewissen Energie darauf reibt (Abbildung 71 A).

Mißbrauchen Sie die Tricks nicht.

Jeder Meister hat seine eigenen kleinen Geheimrezepte. Fresquet führt ein solches Verfahren zum Beispiel durch, indem er mit dem Fingernagel einmal rasch von rechts nach links über das Papier fährt (Abbildung 71 B).

WIE MAN KLEINE WEISSE FLÄCHEN MIT WEISSER AQUARELLFARBE ANLEGT

Es war schon von Konzessionen die Rede, die aus beruflichen Gründen manchmal notwendig werden; und wir haben auch schon erwähnt, daß der Künstler von Zeit zu Zeit zu einem verhältnismäßig kräftigen Aquarellweiß greift und es wie eine Deckfarbe verwendet, um kleine weiße Flächen oder feine weiße Linien zu erhalten.

DIE PRAXIS DER AQUARELLMALEREI

Wir werden folgendermaßen vorgehen: Fresquet malt ein Aquarell, und ich erkläre inzwischen, wie er es malt, und weise von Zeit zu Zeit auf Besonderheiten hin. Sie folgen den Erklärungen und setzen sie direkt in die Praxis um. Sie malen das Bild also ebenfalls, wenden dabei dasselbe Verfahren an wie Fresquet und beachten jedes seiner Worte.

NUR MIT DREI FARBEN – UND SCHWARZ

Fresquet arbeitet bei dieser ersten Übung nur mit den drei Grundfarben und zusätzlich Schwarz. Die drei Grundfarben in seinem Kasten bestehen aus:

Ultramarin (oder Preußischblau, falls dies in Ihrem Kasten ist)
Karmin
Zitronengelb (oder Kadmiumgelb mittel)

Fresquet und ich sind der Meinung, daß der Unterricht effektiver wird, wenn wir uns auf die genannten drei Farben (+ Schwarz) beschränken, da sich mit ihrer Hilfe alle Naturfarben erzielen lassen. Dabei sollte man sich an folgendes erinnern:

Jede Naturfarbe enthält einen mehr oder weniger großen Anteil Blau, Karmin und Gelb.

Nur mit drei Farben.

Ocker ist zum Beispiel aus einem hohen Anteil Gelb, einem geringeren Anteil Karmin und einer noch schwächeren Spur Blau zusammengesetzt. Olivgrün besteht aus Gelb und Blau, vom ersteren mehr als vom zweiten, und einem kleinen Anteil Karmin. Mischt man die Grundfarben zu gleichen Teilen, erhält man theoretisch Schwarz (in der Praxis jedoch ein sehr

dunkles Braun). Sind einem alle Möglichkeiten, die diese drei Farben bieten, bekannt, hat man keine Mischungsprobleme mehr.
Inzwischen hat Fresquet sein Blatt Papier mit Reißzwecken auf ein Zeichenbrett gespannt, um ein Verziehen oder Wellen aufgrund der Feuchtigkeit soweit wie möglich auszuschalten. Er hat sauberes Wasser geholt und den Farbkasten geöffnet.
Sind Sie bereit?
Wie Fresquet und ich bereits erwähnt haben, beginnen wir die Reihe der praktischen Malübungen mit einer sehr speziellen Aufgabe zum Thema Mischung und Zusammensetzung der Farben.
Zur Durchführung dieser Übung können Sie sich an die Abbildungen auf den Seiten 60 und 61 halten. Sie finden dort eine Doppelseite mit 35 Farben, die alle aus den drei Grundfarben zusammengesetzt sind.
Sie werden feststellen, daß diese Aufgabe nur einen einzigen Übungszweck verfolgt: Bevor Sie ein bestimmtes Motiv malen, sollen Sie lernen, welche Farben Sie mischen müssen, um einen bestimmten Ton oder einen bestimmten Farbwert zu erhalten. Dabei handelt es sich nur um einen ersten Schritt, den wir jedoch für unerläßlich halten. Ich würde sogar ohne die geringste Einschränkung behaupten, daß ein Großteil des Folgenden vom Gelingen dieser ersten Übung abhängt.
Fangen wir also an.
Nehmen Sie ein Blatt Aquarellpapier. Zeichnen Sie mit einem ziemlich harten Bleistift ganz schwach die Rahmen, in die Sie die Farben malen wollen. Legen Sie das notwendige Material für die Durchführung dieser Übung bereit: also Zeichenbrett, Papier, Wasser, Pinsel, einen Lappen zum Trocknen der Pinsel und ein Stück Papier oder eine andere Fläche, die als Palette dienen kann. Beachten Sie, daß sich das angefeuchtete Papier leicht wellt und Vertiefungen bildet, die die Arbeit behindern und erschweren. Um dem vorzubeugen, könnten wir das Verfahren anwenden, das auf Seite 17 dieses Buches zum Thema Lavierungen beschrieben wird. Wir glauben jedoch, daß das nicht nötig ist, wenn wir folgende Vorsichtsmaßnahmen ergreifen:

Erstens: Anfeuchten des Papiers mit sauberem Wasser.

1. Befeuchten Sie die gesamte Oberfläche des Papiers mit Hilfe eines breiten Pinsels, eines kleinen Schwamms oder ersatzweise mit einem alten Lappen mit sauberem Wasser. (Mit dem Lappen nur ganz leicht reiben, um die Papierfaser nicht zu verziehen.)

2. Legen Sie das Blatt auf das Zeichenbrett, und lassen Sie es einen Augenblick liegen, damit die Fläche sich ausdehnt, sich die Fasern also aufgrund der Feuchtigkeit erweitern.

Befestigen des nassen Papiers mit Reißzwecken auf dem Zeichenbrett.

3. Bevor das Papier zu trocknen beginnt, befestigen Sie es unter (nicht zu großer) Spannung mit Reißzwecken auf dem Brett. Wenn Sie diese Vorkehrungen ergreifen, ist das Risiko des Entstehens von Vertiefungen und Wellen äußerst gering.

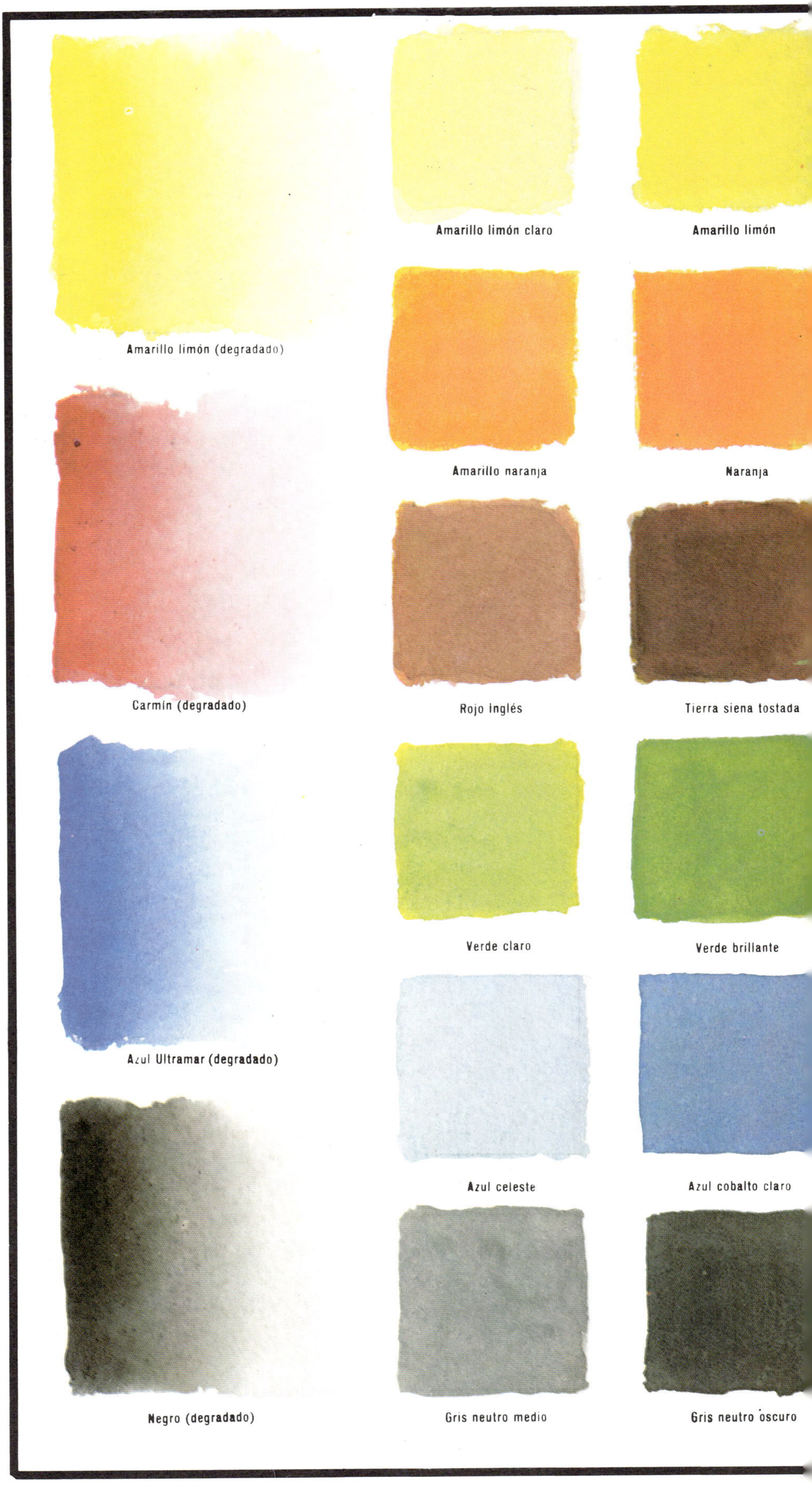
Amarillo limón (degradado)
Amarillo limón claro
Amarillo limón
Amarillo naranja
Naranja
Carmín (degradado)
Rojo inglés
Tierra siena tostada
Azul Ultramar (degradado)
Verde claro
Verde brillante
Azul celeste
Azul cobalto claro
Negro (degradado)
Gris neutro medio
Gris neutro oscuro

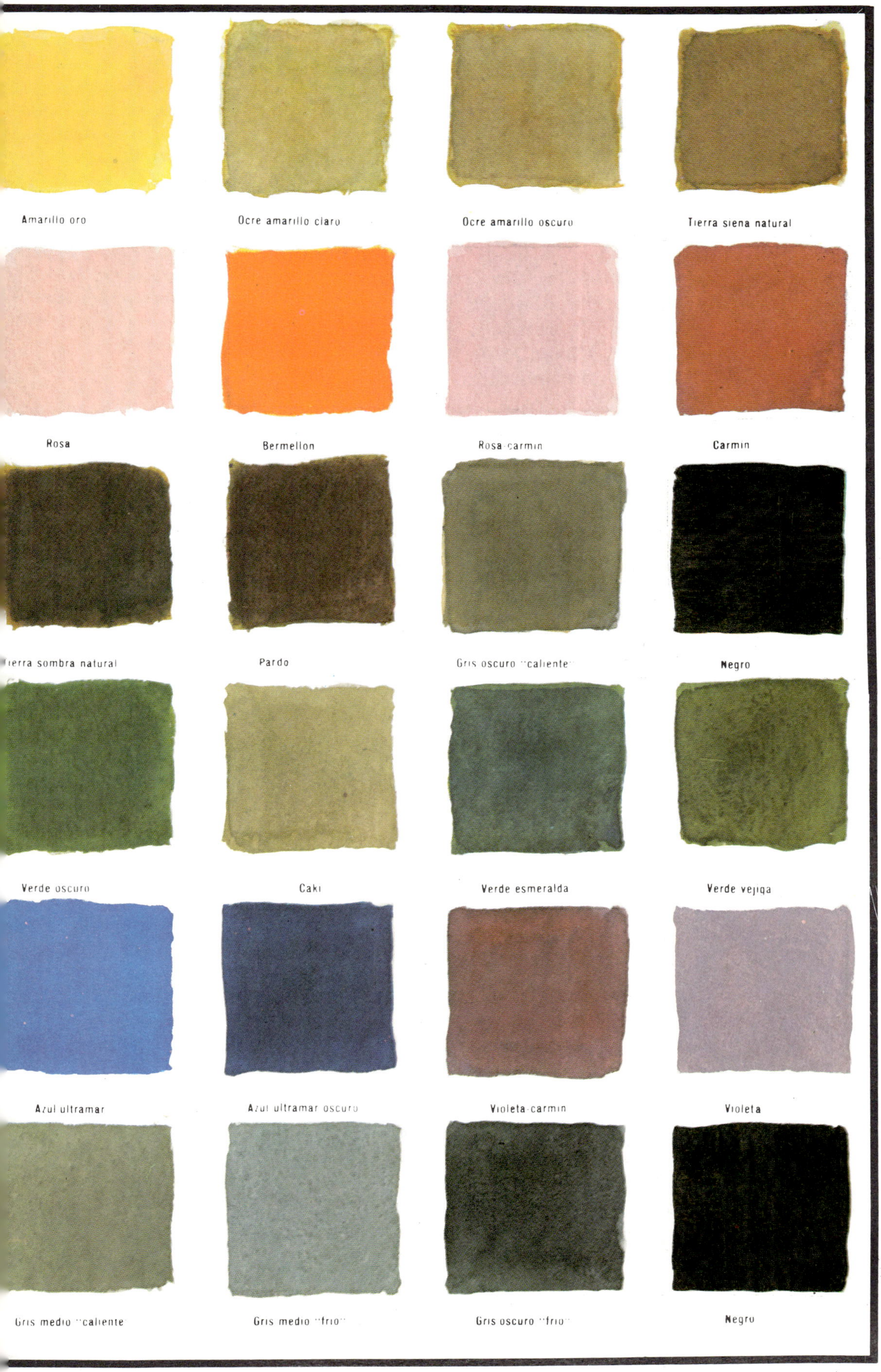
Amarillo oro
Ocre amarillo claro
Ocre amarillo oscuro
Tierra siena natural
Rosa
Bermellon
Rosa carmin
Carmin
Tierra sombra natural
Pardo
Gris oscuro "caliente"
Negro
Verde oscuro
Caki
Verde esmeralda
Verde vejiga
Azul ultramar
Azul ultramar oscuro
Violeta-carmin
Violeta
Gris medio "caliente"
Gris medio "frio"
Gris oscuro "frio"
Negro

Ich rate Ihnen, die vier Farben, die Sie für diese Übung benötigen, aus dem Kasten herauszunehmen. Dadurch vermeiden Sie eventuelle Verwechslungen.
Halten Sie ein Stück Papier zum Ausprobieren bereit, und benutzen Sie einen Pinsel Nr. 10.
Aber lassen Sie es mich noch einmal wiederholen:

Für diese und die folgenden beiden Übungen benötigen Sie ausschließlich die Grundfarben
Zitronengelb
Karmin
Ultramarin
(und Schwarz)

DURCHFÜHRUNG DER ÜBUNG

Beginnen Sie in der Ihnen bereits bekannten Technik mit der Herstellung einfacher Abstufungen der ungemischten Farben Zitronengelb, Karmin, Ultramarin und Schwarz, wie sie am linken Rand der Vorlage (Seite 60 und 61) abgebildet sind.
Malen Sie anschließend die Farbmischungen, und halten Sie dabei die vorgegebene Reihenfolge von links nach rechts ein. Um das erwünschte Ergebnis zu erzielen, gehen Sie in jedem Einzelfall folgendermaßen vor:

1. Lesen Sie die Beschreibung jeder Farbe sorgfältig durch.

2. Mischen Sie die Farbe in einem Fach des Farbkastens.

3. Prüfen Sie den Farbton auf der Palette.

4. Malen Sie die endgültige Farbe in den dafür vorgesehenen Rahmen.

Ideal wäre es natürlich, wenn Sie die gewünschte Farbe auf Anhieb erzielten, ohne eine neue Schicht darüberlegen oder die Farbe absaugen – also wegnehmen – zu müssen. Normalerweise werden aber Veränderungen notwendig sein. Dann halten Sie sich bitte an folgende Regeln:

a. Im Falle eines Irrtums ist es immer besser, wenn man den Ton noch nicht ganz erreicht hat und ihn mit Hilfe einer neuen Schicht verstärken oder korrigieren kann.

Lieber den Ton noch nicht ganz erreichen.

b. Die Farbe läßt sich besser auf einer angefeuchteten Grundlage verändern und genau abstimmen. Eine letzte Retusche ist immer noch möglich, sobald die vorherige Schicht trocken ist.

HIER DIE FARBEN IN DER RICHTIGEN REIHENFOLGE:

Zitronengelb hell:	Nur mit Zitronengelb und Wasser.
Zitronengelb:	Das Gelb aus der Tube oder von der Tablette, aber etwas dicker gehalten, damit es intensiver wird.
Goldgelb:	Zunächst das intensive Gelb wie zuvor. Dann, solange es noch feucht ist, ein sehr helles Karminrot darüberlegen. (Vorsicht! Karminrot tönt sehr stark. Um unseren Ton zu erreichen, genügt ein Hauch.)
Lichter Ocker:	Zunächst das Goldgelb wie zuvor. Dann, solange es feucht ist, etwas Blau und Schwarz hinzufügen. (Achtung: Blau und Schwarz sind sehr intensive Farben. Wenn Sie nicht achtgeben, werden sie leicht zu stark.)
Dunkelocker:	Wie zuvor, jedoch mit einem etwas stärkeren Anteil an Karmin, Blau und Schwarz.
Siena natur:	Mischen Sie zunächst ein Goldgelb. Lassen Sie es einen Augenblick ruhen, damit es Körper annimmt und das Papier wirklich tönt. Aber Achtung: Fügen Sie, bevor es völlig getrocknet ist, eine Schicht Karminviolett hinzu, das sie aus Karmin und ein wenig Blau mit ziemlich viel Wasser erhalten. Wichtig ist, daß die Farbe einen leichten Karminstich bekommt.
Gelborange:	Auf das sehr dichte, breiige Gelb wird Karminrot feucht aufgetragen und die Karminmenge solange erhöht, bis der Ton der Vorlage erzielt ist.
Orange:	Wie zuvor, aber mit mehr Karmin.
Rosa:	Mit Wasser verdünntes Karmin und eine Spur Gelb.
Zinnoberrot:	Viel dichtes, breiiges Gelb mit nicht allzuviel Karmin, so daß das Gelb noch “atmen” kann.
Karminrosa:	Stark verdünntes Karmin mit einer Spur Blau.
Karmin:	Zunächst eine Schicht blaue Tusche. Dann, während die Tusche noch feucht ist, ein intensives Karmin hinzufügen.
Englischrot:	Mischen sie zunächst ein intensives Orange, und fügen Sie, solange die Oberfläche noch feucht ist, etwas Blau hinzu, um es grauer zu machen. Entstehen muß ein Siena mit Karmin als dominierendem Ton.

Siena gebrannt: Intensives, breiiges Gelb und Karmin, um zunächst ein kräftiges Orange zu erhalten. Fügen Sie dann, solange die Oberfläche noch feucht ist, einen erheblichen Anteil Schwarz hinzu. Gegebenenfalls muß das Karmin verstärkt werden, bis die dunkelrote Erdfarbe erreicht ist.

Umbra natur: Wir beschäftigen uns jetzt mit den dunklen Farben, die zwangsläufig deckend sind. Man muß also mit dichteren, breiigeren Farben arbeiten, die wenig Wasser enthalten. Um diese Farbe schrittweise zu erhalten, beginnt man mit einem Dunkelocker aus einem hohen Anteil an Gelb und wenig Karmin und Blau. Mischen Sie daraus ein Siena natur. (Malen Sie dabei mit wenig Wasser auf der noch feuchten Oberfläche des eigentlichen Papiers.) Verstärken Sie dieses Siena schließlich mit den drei Grundfarben und, falls nötig, auch mit Schwarz. Entstehen muß eine dunkle, kalte – also blaustichige – Erdfarbe.

Braun: Wie Umbra natur, aber insgesamt nicht so intensiv, also nicht so dicht.

Warmgrau dunkel: Wichtig ist, daß der "warme" Charakter der Farbe erzielt wird, der sich aus der Anwesenheit von Dunkelocker in dem dominierenden Grau ergibt. Man erhält die Farbe im Prinzip aus einer Mischung der drei Grundfarben zu gleichen Teilen, die auf eine getrocknete Schicht Dunkelocker aufgetragen wird. In der Praxis können Sie jedoch Schwarz und Weiß verwenden, woraus bereits ein Grau entsteht, und ihm ein wenig Ocker hinzufügen (zusammengesetzt aus Goldgelb und ein wenig Blau und Schwarz). Auf jeden Fall ist das Mischen dieser Farbe nicht schwierig. Nur ein Rat dazu: Benutzen Sie das Weiß aus der Tube nicht wie ein Deckweiß. Verdünnen Sie es mit Wasser, damit es auf jeden Fall transparent bleibt.

Schwarz: So, wie es ist. Ziemlich dicht, damit es deckend ist.

Hellgrün: Intensives Gelb mit etwas Blau.

Leuchtend Grün: Wie zuvor, aber mit mehr Blau.

Dunkelgrün: Wie zuvor, aber mit mehr Blau und einer Spur Schwarz.

Khaki: Mischen Sie zunächst ein Hellgrün. Legen Sie etwas Karmin und Gelb auf die noch feuchte Fläche. Eventuell muß die Farbe mit Blau und Gelb und ggf. einer Spur Schwarz verstärkt werden.

Smaragdgrün: Bekanntlich ist Smaragdgrün ein Dunkelgrün mit einem Blaustich. Sie erhalten es also aus Gelb und viel Blau. Das ist schon alles.

Flaschengrün: Mischen sie aus einem intensiven, breiigen Gelb und etwas

	Schwarz zunächst ein schmutziges Olivgrün. Überziehen Sie die feuchte Fläche anschließend mit ein wenig Blau.
Hellblau:	Verdünnen Sie Blau mit viel Wasser, und legen Sie eine Spur Gelb auf die feuchte Fläche, um den Violettstich des Ultramarins auszugleichen. Die Gelbschicht muß extrem dünn sein, damit sich der Blauton nicht verändert.
Kobaltblau:	Intensives, aber nicht breiiges Blau (etwas mehr als Mittelblau) mit ein wenig Gelb, um wie zuvor den Violettstich des Ultramarins auszugleichen.
Ultramarin:	Weder zu breiiges noch zu dichtes Blau.
Ultramarin dunkel:	Dichtes, breiiges Blau mit ein wenig Karmin und Schwarz (letzteres sparsam).
Karminviolett:	Blau mit Karmin als Dominante, bei dem das Weiß des Papiers hindurchscheint. Es muß also ausreichend mit Wasser verdünnt werden.
Violett:	Eine noch transparentere Tuschfarbe aus Blau und Karmin (noch mehr Wasser).
Neutralgrau mittel:	Aquarellweiß und ausreichend mit Wasser verdünntes Schwarz, damit das Weiß des Papiers hindurchscheint.
Neutralgrau dunkel:	Wie zuvor, aber mit mehr Schwarz.
Warmgrau mittel:	Ein Mittelgrau aus Aquarellweiß und Schwarz, dem etwas Gelb und Karmin hinzugefügt wird, um den warmen Ton zu erzielen.
Kaltgrau mittel:	Mischen Sie zunächst ein Neutralgrau, und fügen Sie etwas Blau auf die noch feuchte Oberfläche.
Kaltgrau dunkel:	Wie zuvor, aber mit einem höheren Anteil von Schwarz und Blau.
Schwarz:	So, wie es ist, aber ziemlich dicht, damit es gut deckt.

EINE PRÄZISE ÜBUNG MIT NUR DREI FARBEN

FRESQUET MALT EINEN APFEL

Fresquet skizziert die Form des Apfels zunächst mit einem normalen weichen Bleistift Nr. 2, und zwar linear, also ohne Schatten (Abbildung 72). Anschließend feuchtet er die Fläche für den Apfel mit einem Pinsel mit sauberem Wasser an.

Erstes Stadium: Anfeuchten des Papiers mit sauberem Wasser.

"Mit wenig Wasser, sehr wenig Wasser, siehst du?" bemerkt Fresquet; denn dieses erste Waschen dient nur dazu, eventuelle Rückstände und Fettspuren auf dem Papier zu entfernen, damit die Tusche anschließend besser fließen kann.
Haben Sie verstanden? Man muß das Papier vor Beginn der Arbeit grundsätzlich mit sehr wenig Wasser abwaschen, um eventuelle Rückstände oder Hautfett, das sich dort während des Zeichnens von der Hand abgelegt haben könnte, zu entfernen.

ERSTER SCHRITT (Abbildung 73)

Beginnen Sie zu malen.
Malen Sie den gesamten Apfel – unter Aussparung der weißen Stellen für die Lichter – mit einem normalstarken, etwas verdünnten, aber ausreichend tönenden Zitronengelb aus. Fresquet arbeitet dabei übrigens ausgesprochen lässig und mit extremer Geschwindigkeit. Er beachtet die Begrenzungen zwar – die jedoch weder sehr präzise noch endgültig sind –, geht aber hin und wieder auch darüber hinaus. Anschließend gibt er ein wenig mit Wasser verdünntes Karminrot auf das noch frische feuchte Gelb. Im Grunde streift er die Fläche nur, malt also Striche, die auf den ersten Blick ungeordnet wirken mögen, aber die dunkleren Stellen des Apfels markieren. Aber nun sehen Sie einmal... Aufgrund der Feuchtigkeit des Gelbs und des Karmins beginnt das Karmin sich auszubreiten und zu verfließen, so daß die ursprünglichen Striche automatisch verschwinden und beide Farben sich zu einem Orange verbinden.

ZWEITER SCHRITT (Abbildung 74)

Immer noch auf der nassen Oberfläche, frischt Fresquet nun das Gelb auf, reinigt den Pinsel und fügt nochmals unregelmäßige karminrote Striche hinzu, die sich in der Feuchtigkeit wiederum mit dem Gelb verbinden.

Abbildung 72: Fresquet fertigt keine ausführliche Skizze des Modells an, das er malen möchte. Er begnügt sich mit wenigen Strichen.

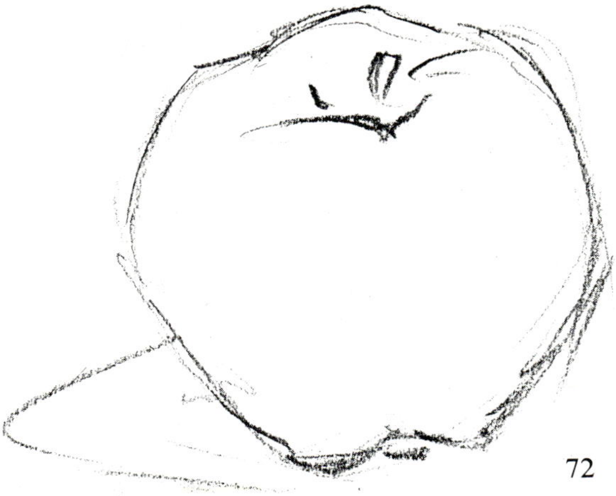

72

Abbildung 73: Beachten Sie die Wirkung, die durch die Überlagerung von Karmin auf noch feuchtem Gelb und die scheinbar wahllos aufgetragenen Karminstriche entsteht, die infolge der Feuchtigkeit verfließen.

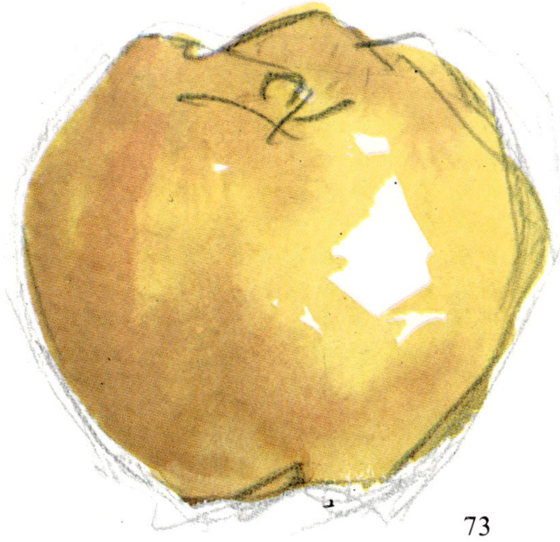

73

Abbildung 74: Durch weiteres Auftragen von Farbschichten auf die noch feuchte Fläche erreicht Fresquet eine perfekte Harmonie der Farben und leichte, spontane Abstufungen. Sie können deutlich feststellen, wie sehr sich der Künstler bemüht, die räumliche Wirkung herauszuarbeiten.

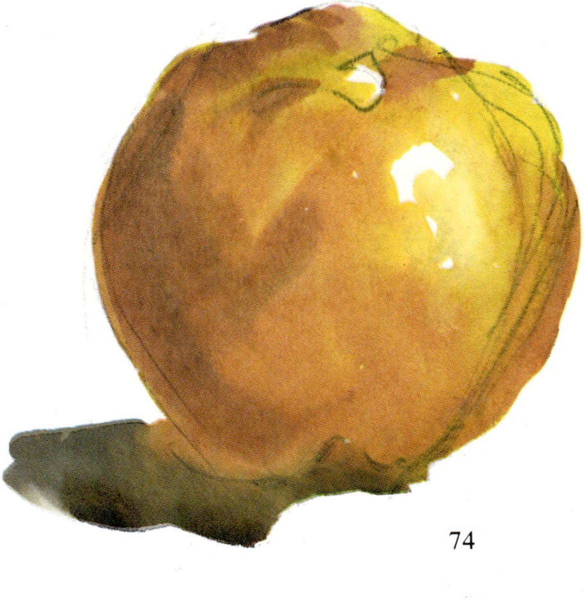

74

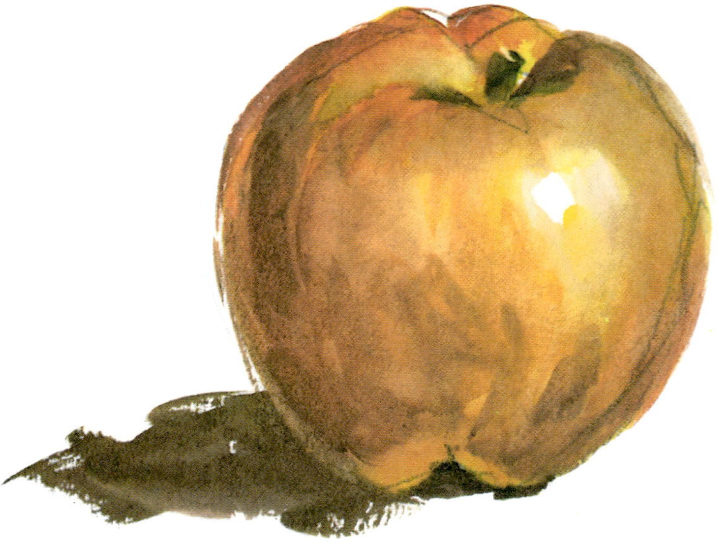

75

Abbildung 75 und 76: Fresquet stellt uns oben ein schon fortgeschrittenes Stadium der Übung vor. Er hat bereits die vollständige Form erreicht; es fehlen nur noch die präzise Kolorierung und die letzten Einzelheiten.

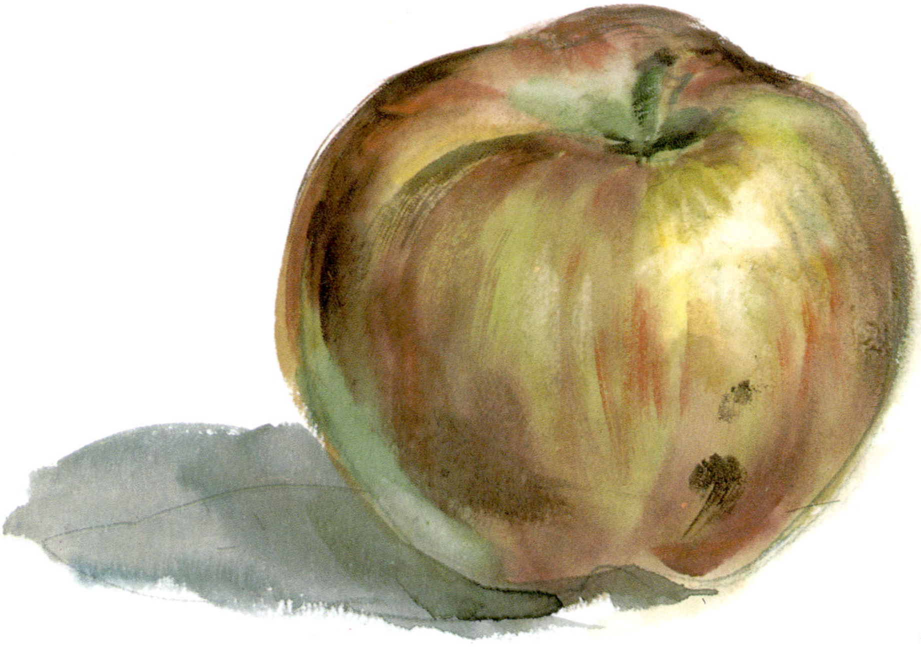

76

Unten sehen Sie die vollendete Arbeit, wie Fresquet sie nach mehrmaligem Absaugen von Wasser und Farbe erhalten hat. Um die Töne zu verändern und abzustimmen, hat er den Pinsel wie einen Schwamm eingesetzt.
Jetzt mischt er Gelb, Karmin und etwas Blau und erhält eine Erdfarbe mit einem Karminstich. Probieren Sie Ihre Mischung zunächst auf einem Stück Papier aus. Tragen Sie die Farbe dann auf die Schattenstellen. Trocknen Sie den Pinsel mit dem Tuch ab, ohne ihn zu waschen, und fahren Sie nochmals über diese dunkle Farbe, damit sie mit dem darunterliegenden Orange verläuft.
Anschließend malt Fresquet den Schatten, den der Apfel wirft. Die Farbe besteht aus einer Spur Gelb und Karmin, aus einem hohen Anteil Blau und ganz wenig Schwarz. Er probiert die Farbe auf seiner Papierpalette aus, verändert sie, indem er den Karminanteil verringert, und malt den Schatten in einem Zug von links nach rechts. Wenn die Farbe den Apfel erreicht, verläuft das Orange mit dem Grau des Schattens.

DRITTES STADIUM (ABBILDUNG 75)

Farbmischungen und Verfahren.

Die Fläche ist immer noch feucht – aber nicht mehr ganz so stark wie zuvor. Es sei daran erinnert, daß sich aufgrund der Regel "von Hell nach Dunkel" bei fortschreitender Arbeit immer weniger Wasser in den Farben befindet und diese daher immer dicker werden. Naturgemäß nimmt die Feuchtigkeit ab, und die Farben werden intensiver.
Fresquet modelliert die Frucht mit Strichen aus Karmin und Blau, in die er ein wenig Gelb mischt, und dadurch erhält er ein Karminsiena. Er bearbeitet die schattige Fläche besonders intensiv und fügt zu den bereits erwähnten Farben noch ein wenig Schwarz.
Fresquet arbeitet jetzt mit "absaugenden Pinselstrichen"; das heißt, er fährt einigemal mit dem sauberen, abgetrockneten Pinsel über die Fläche, um Farbe zu entfernen und hellere Töne zu erhalten...
Plötzlich hält er inne. Bisher hat er mit einer geradezu fieberhaften Hast gemalt. Er hat noch nicht einmal eine Viertelstunde gebraucht.
Ruhig betrachtet er das Modell und seine Arbeit. Er verstärkt den Schatten mit Blau und Karmin. Er greift noch einmal zu dem schmutzigen Grau in seinem Kasten und legt eine Schicht davon auf den noch feuchten Schatten. Er hält erneut inne.
"So geht es", sagt er. "Aber ich habe etwas zuviel Karmin und Orange genommen."

VIERTES UND LETZTES STADIUM (ABBILDUNG 76)

Fresquet feuchtet die linke Seite des Apfels und den Schatten noch einmal mit dem sauberen Pinsel an. Dann saugt er die gesamte Farbe ab, so daß ein helles, schmutziges Grau mit einem Cremestich zurückbleibt. Anschließend tönt er diese Fläche mit einem stärkeren Grau, das etwas Gelb (grünblauer Streifen rechts auf Abbildung 76) enthält und läßt es in der Feuchtigkeit zerfließen.

Er wäscht die Farbe in der Mitte und im nach vorn gerichteten Teil des Apfels aus und saugt sie ab.
Er fügt Gelb hinzu... Dann ein wenig Blau... Er zieht den Streifen, der den Apfel begrenzt, mit einem abgestumpften Karmin nach. (Dazu benutzt er die Reste der Graublaumischung auf seiner Palette.)
Nun das Grün am Stielansatz...
Karmin und Schwarz für die dunkelsten Stellen ganz links... Gelb für die Mitte...
Fresquet arbeitet fieberhaft auf der feuchten Fläche weiter und verleiht seinem Bild durch Abstufungen und rasches Absaugen Form und Farbe. Das Ergebnis sehen Sie in Abbildung 76.
Als das Aquarell beinahe trocken ist, benutzt er noch einen ebenfalls beinahe trockenen Pinsel (der Haarkörper muß eine Bürste bilden), um jenen dünnen, quasi geriebenen Auftrag zu erreichen, bei dem die roten Striche und die dunklen Flecken auf der linken unteren Seite entstehen.
"So in Ordnung?"
"Ja, völlig in Ordnung."

FRESQUET MALT EIN STILLEBEN

Komposition eines neuen Motivs.

Fresquet trifft nun die Vorbereitungen für das Stilleben, das auf Seite 74 und 75 reproduziert ist. Er wird weiterhin nur mit den drei Grundfarben (und Schwarz) arbeiten.

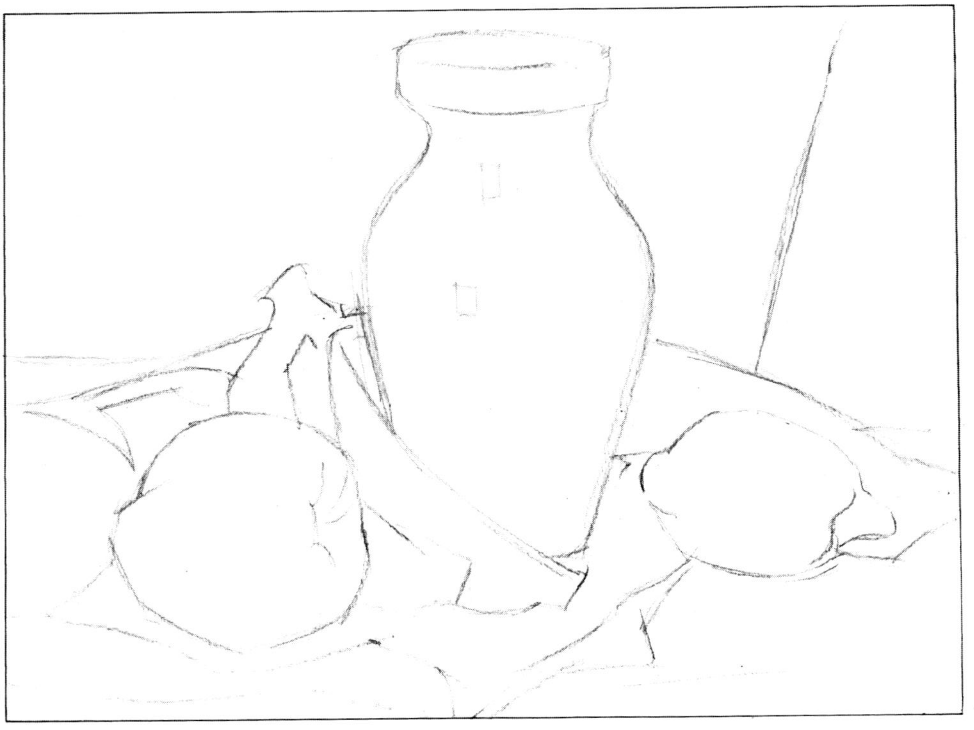

77

Wie alle guten Aquarellmaler beherrscht Fresquet perfekt die Kunst des Zeichnens. Diese wenigen Striche genügen ihm, um die Einzelteile zu plazieren. Dann beginnt er sofort zu malen.

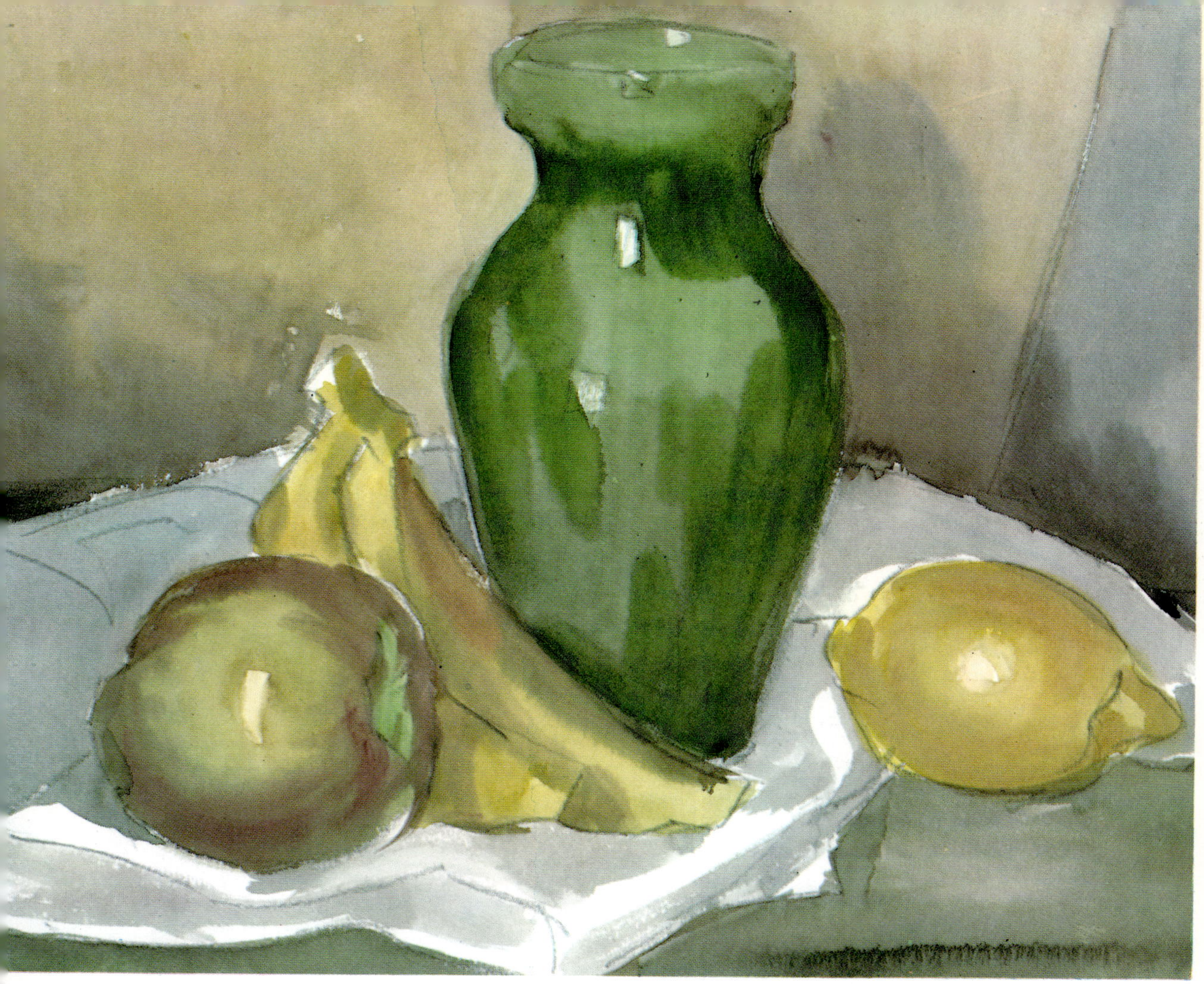

78

Thema und Zusammenstellung hat er selbst gewählt. Er legt ein Tischtuch auf das äußerste Ende des Tisches vor der Wand und verteilt darauf einen Apfel, zwei Bananen, eine grüne Keramikvase und eine Zitrone.

ERSTES STADIUM (ABBILDUNG 77)

Die Zeichentechnik muß perfekt beherrscht werden.

Fresquet zeichnet mit raschen Strichen die einzelnen Teile seines Modells. Zunächst plaziert er die Keramikvase, anschließend skizziert er die Bananen, den Apfel und die Zitrone. Er zieht die Begrenzung des Tischtuches und beginnt zu malen.

(Nebenbei gesagt: ein guter Aquarellmaler muß zuvorderst ein guter Zeichner sein, also ein Künstler, der während des Malens konstruiert, der gleichzeitig malt und zeichnet. In diesem Stadium kümmert sich Fresquet überhaupt nicht um die Details, denn die kann er anschließend während des Malens gestalten.)

Wie immer, beginnt Fresquet mit dem Anfeuchten des Papiers mit sauberem Wasser. Er wartet nicht ab, bis es wieder getrocknet ist, sondern malt sofort los.

Hier die Farben und ihre Reihenfolge

Hintergrund, von links angefangen: ein abgestumpftes Ocker, das sich hauptsächlich aus Gelb, Karmin und Schwarz mit viel Wasser zusammensetzt.

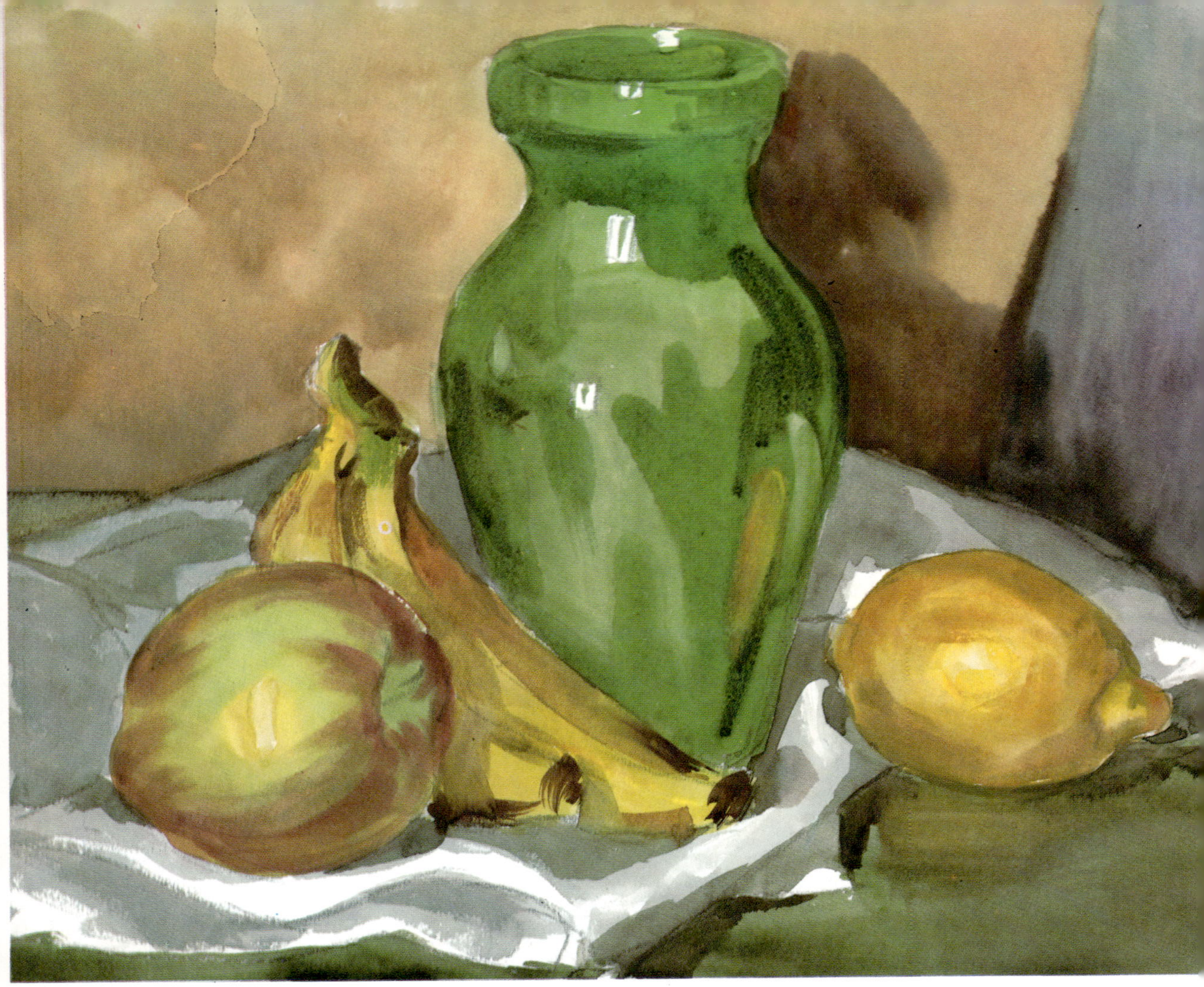

79

Hintergrund, rechte Seite: Ohne den Pinsel zu waschen, nimmt Fresquet etwas Blau und Schwarz – und etwas Wasser, um die Farbe aufzuhellen. Er prüft die Farbe auf einem Stück Papier, verstärkt sie mit Blau und Schwarz und legt den Schatten, der das Tischtuch begrenzt, auf der feuchten Fläche an.

Vase: Eine hellgrüne Schicht (Gelb und Blau), bei der die Lichter ausgespart werden. Anschließend eine weitere Schicht dunkleres, dichteres Grün auf die feuchte erste Farbschicht, um der Vase Volumen und mehr Helligkeit zu geben. Einige blauschwarze Striche auf die Konturen...

Verfahren und Farbmischungen.

Tischdecke: Fresquet greift dafür auf das Blauschwarz der vorigen Mischung und jene undefinierbaren Farben zurück, die sich immer auf einer Palette befinden.

Apfel: Ohne den Pinsel zu reinigen, nimmt er etwas Gelb und mischt es mit dem vorherigen Grau. Er malt den Apfel, spart aber die Lichter aus. Anschließend greift er noch einmal zum Gelb und legt eine weitere Schicht darüber. Aufgrund der Feuchtigkeit verfließen die Farben.

Zitrone: Hierfür reinigt Fresquet den Pinsel. Dann nimmt er Gelb und Wasser und trägt unter Aussparung des Weiß eine erste Schicht auf.

Bananen: Eine rasche Schicht desselben Gelbs über die gesamte Fläche.

Apfel (die vorige Schicht ist noch feucht): Noch einmal die schmutzige Graumischung. Fresquet nimmt Karmin – etwas Blau – wieder etwas Karmin – und Wasser und koloriert die dunkelsten Stellen des Apfels.
Tisch im Vordergrund: Er mischt das grünliche Grau mit dem Rest der Graumischung, etwas Gelb und Blau und malt mit verhältnismäßig viel Wasser.
Zitrone: Fresquet wendet sich nun erneut der Zitrone zu und gibt ihr mit Lichtem Ocker mehr Form. Da die Fläche noch nicht völlig trocken ist, verfließen die Farben und gleichen sich an. Trotzdem muß Fresquet die leuchtenden Partien in der Mitte abstufen. Er tut es, indem er den Pinsel mit dem Tuch trocknet und die Farbe absaugt...
Bananen (noch feucht): Fresquet benutzt das Graugrün für den Tisch und verleiht den Bananen mit Hilfe von grünen Strichen mehr Form. Dann gibt er auf eine der beiden etwas Orange.

ZWEITES STADIUM (ABBILDUNG 79)

Ich will hier nicht alle Einzelheiten aufzählen. Aus Abbildung 79 geht deutlich hervor, daß Fresquet mit denselben Farben wie zuvor arbeitet, diese jedoch erheblich verstärkt.

Fresquet arbeitet weiterhin auf feuchtem Papier.

Wie zuvor hat er den Hintergrund zunächst mit einem hellen Siena bearbeitet und, während die Fläche noch feucht ist, mit bläulichen und karminfarbenen Tönen verstärkt. Er hat die Farben durch Überlegen von Schichten intensiviert (die beinahe unmerkliche Feuchtigkeit läßt die Konturen fließend erscheinen und macht den Hintergrund natürlich). Das Tischtuch und die Bananen spart er aus und streift nur mit raschen trockenen Pinselstrichen darüber. Auf die Vase hat er neue Grüntöne aus Blau, Gelb und Schwarz gelegt. Anhand der karminfarbenen Striche beginnt man bereits, die besondere Form des Apfels zu ahnen.

DRITTES UND LETZTES STADIUM (SIEHE UNSER MODELL)

Anhand der Reproduktion in der Originalgröße auf den beiden nächsten Seiten erkennen Sie, wie Fresquets Aquarell am Ende ausgesehen hat.
Fresquet hat zwei Stunden benötigt, um dieses herrliche Ergebnis zu erzielen. Versuchen Sie herauszufinden, wo er auf feuchtem Papier gearbeitet hat und über welche Stellen er mit dem fast feuchten Pinsel gefahren ist, um Farbe zurückzunehmen. (Umrisse des Apfels oben und links).
Studieren Sie in aller Ruhe die grüne Farbgebung der Vase, die Fresquet durch Überlagerung mehrerer Schichten erhalten hat, wobei die Lichter und Reflexe jeweils ausgespart wurden. Richten Sie sich dabei ständig nach dem Modell. Das ist die einzige Möglichkeit, die Wirklichkeit künstlerisch darzustellen.

In allen Schatten befindet sich Blau.

Denken Sie daran, daß sich in allen Schatten Blau befindet (und manchmal auch ein wenig Schwarz). Vergessen Sie nicht, daß man immer etwas Blau benötigt, um eine Farbe abzustumpfen. Blau ist ebenfalls in allen schmutzigen Tönen enthalten.

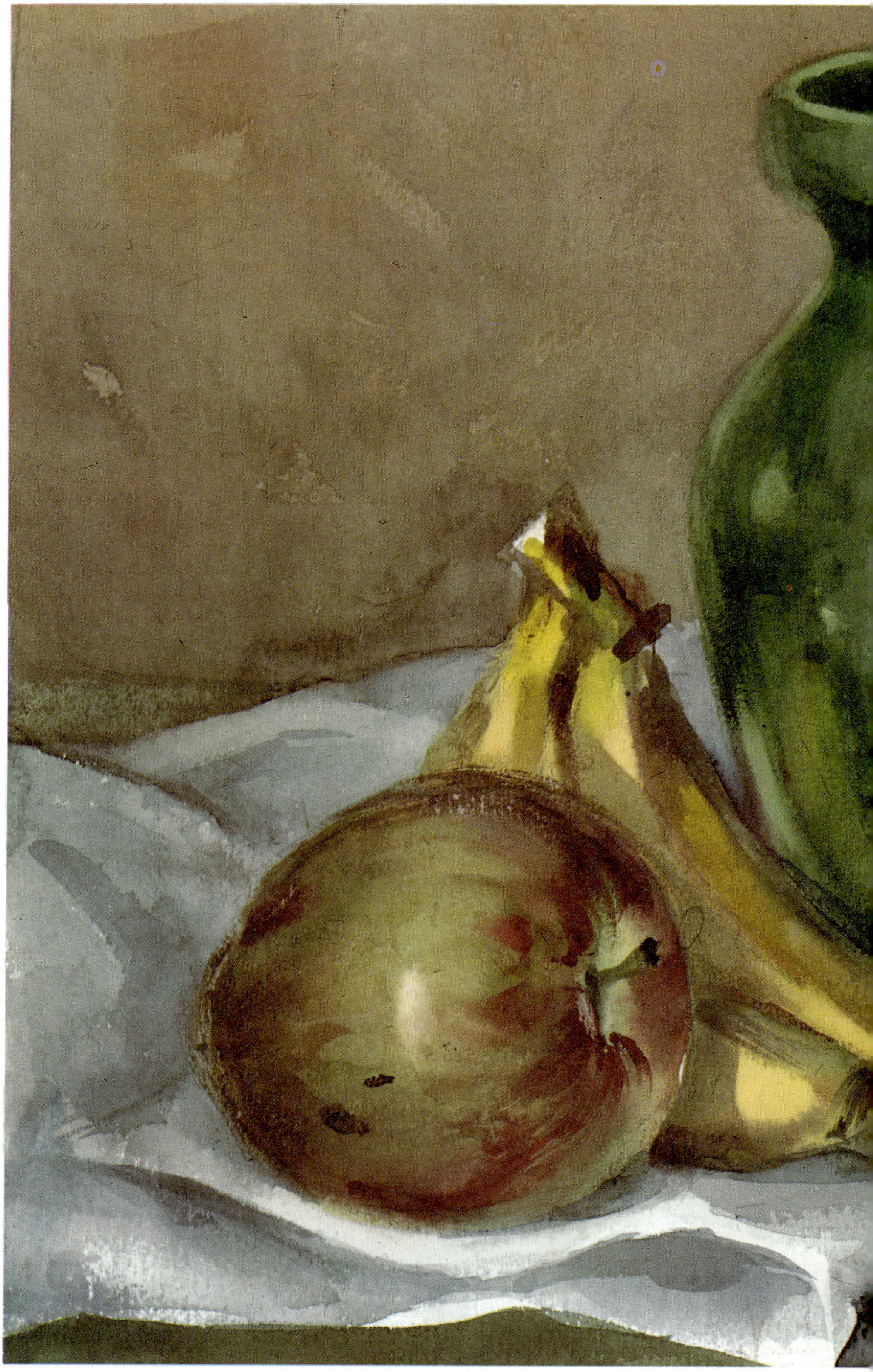

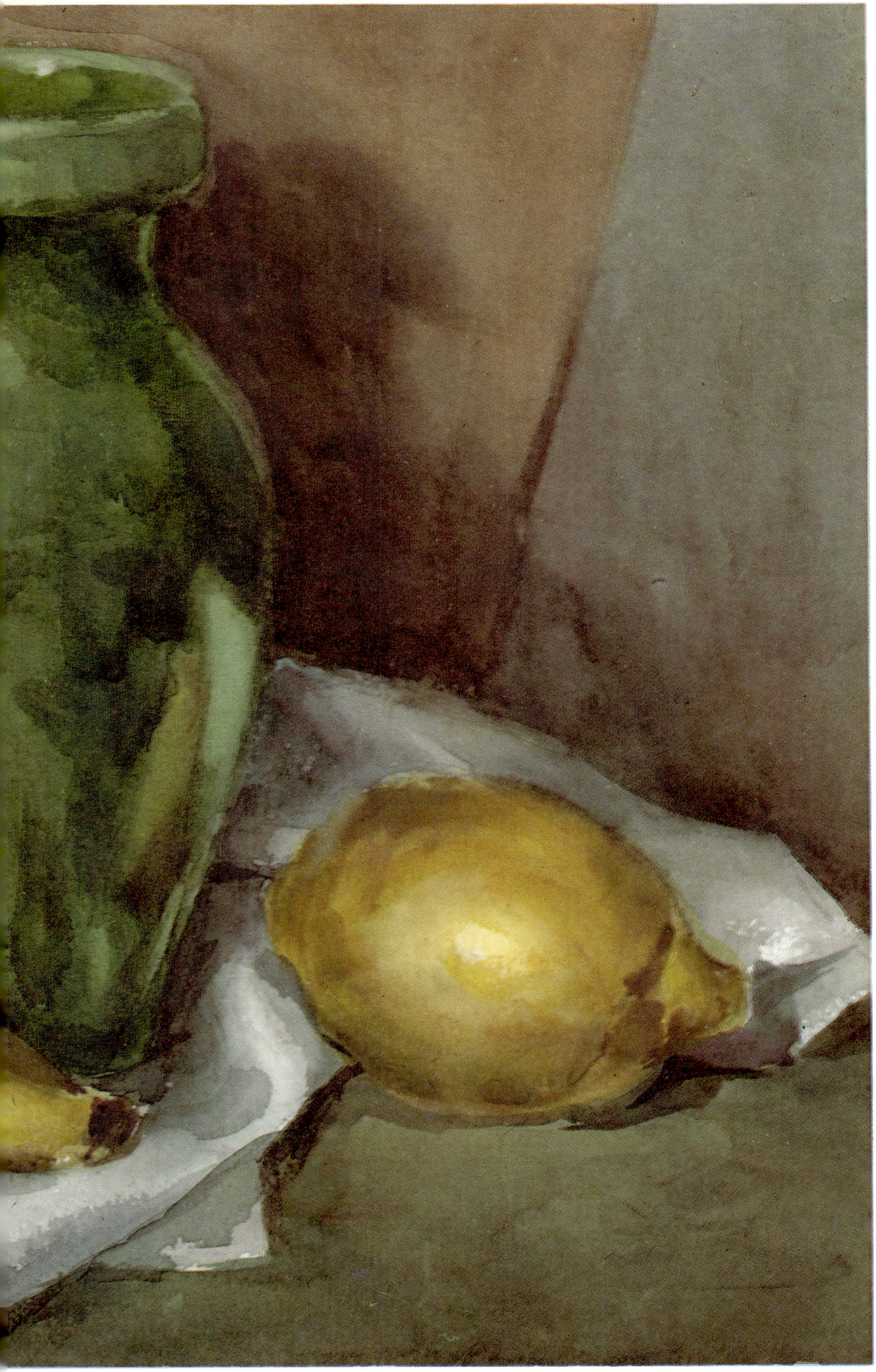

MALEN MIT AQUARELLFARBEN (II)

AQUARELLMALEREI UNTER BENUTZUNG ALLER FARBEN

Jetzt gibt es keine Beschränkung mehr. Zunächst haben Sie das Anfertigen einer Lavierung mit nur einer Farbe, dem Schwarz, gelernt; anschließend haben Sie ein Aquarell gemalt, dafür aber nur die drei Grundfarben Blau, Karmin und Gelb (plus Schwarz) verwendet. Nun ist der Augenblick gekommen, Sie ohne jede Beschränkung mit allen Farben arbeiten zu lassen. Man kann nicht kalkulieren, ohne zuvor die Grundrechnungsarten erlernt zu haben. Es wäre illusorisch zu behaupten, daß man ohne praktische Erfahrung in den vorangehenden Übungen gute Mischfarben, zufriedenstellende Grauflächen oder perfekte Abstufungen erzielen könnte.
Es muß hier also ganz eindeutig die folgende Regel aufgestellt werden:

Nützlichkeit, nur mit drei Farben malen zu können.

Beginnen Sie nicht, mit allen Farben zu malen, bevor es Ihnen nicht gelingt, alle Naturfarben aus den drei Grundfarben Blau, Karmin und Gelb (unter Zuhilfenahme von Schwarz) herzustellen.

Wir setzen voraus, daß Sie diese Technik gründlich beherrschen, und malen nun mit Guillermo Fresquet ein Aquarell mit allen Farben.

AUSWAHL UND VORHERGEHENDES STUDIUM DES MODELLS

Beim Malen einer Landschaft mit Aquarellfarben – das Thema bietet sich für diese Technik am besten an – geschieht die Auswahl des Motivs nicht zufällig. Sie unterliegt einem Prozeß der Analyse und des Suchens, bei dem drei Faktoren eine wesentliche Rolle spielen: a) Erfahrung mit früheren Arbeiten, b) Wissen um die Orte, die reiche künstlerische Möglichkeiten bieten, und c) die Fähigkeit zur Auswahl entsprechend den Regeln und der Kunst der Komposition.
Zweifellos ist jener Kunstmaler besser in der Lage, ein Thema auszuwählen, der sich auf die Erfahrung mit mehr oder weniger gut gelungenen früheren Bildern stützen kann. Es trifft außerdem zu, daß sich manche Orte besser für künstlerische Darstellungen eignen als andere. Der Künstler kennt die Merkmale und kann zum Beispiel nach einem einzigen Blick auf eine schattige Landschaft mit Bäumen am Ufer eines Flusses und etwas hügeligem Gelände sagen, daß sich dieser Ort als Thema für ein Bild eignet. Sein Motiv hängt ausschließlich von seiner persönlichen Wahl ab, die sich wie-

Bestimmende Faktoren zur Auswahl eines Motivs.

derum auf sein Wissen und seine Erfahrungen auf dem Gebiet der Komposition stützt.
Um den zwangsläufigen Mangel an Erfahrung auszugleichen, sollte sich der Freizeitmaler an folgende Ratschläge halten:

Ratschläge für den Freizeitmaler zur Auswahl und zum Vorabstudium seines Modells.

1. ANALYSIEREN SIE DIE WERKE GROSSER MEISTER, UM SICH DEREN ERFAHRUNGEN ZU EIGEN ZU MACHEN.

Besuchen Sie Ausstellungen oder, falls Sie keine Gelegenheit dazu haben, betrachten Sie eingehend gute Reproduktionen der entsprechenden Bilder. Schneiden Sie die Bilder namhafter Meister aus Zeitungen und Zeitschriften aus. Auf diese Weise bauen Sie sich eine kleine Spezialbibliothek auf. Analysieren, studieren oder kopieren Sie diese Meisterwerke, gewinnen Sie eine viel größere Sicherheit in der Auswahl eigener Motive. Man muß sich der Erfahrung großer Meister zu bedienen wissen, um in der Lage zu sein, eigene Motive zu wählen.

2. GEHEN SIE AN ORTE, DIE OFT VON KÜNSTLERN AUFGESUCHT WERDEN

Das ist kein rein theoretischer Rat. Sie wissen selbst, daß manche Dörfer häufig von Malern dargestellt werden, daß manches Stadtviertel oft von Kunstmalern oder erfahrenen Freizeitmalern mit zusammengelegter Staffelei und der Palette in der Hand aufgesucht wird; daß es die Maler zu einem gewissen Teil des Hafens zieht, daß gewisse Landschaften immer wieder von Malern als Motiv gewählt wurden (und es immer noch werden). Indem man malt, "was andere schon gemalt haben", lernt man, nach und nach eigene Fleckchen und neue Motive zu finden.

Besuchen Sie Ausstellungen, studieren Sie gute Reproduktionen.

3. STUDIEREN SIE DEN AUFBAU IHRES MOTIVS, UND FERTIGEN SIE VOR DEM MALEN DES BILDES EIN PAAR KLEINE SKIZZEN AN.

Bevor man sich für den geeignetsten Ausschnitt, den Standpunkt, das Licht, die Kontraste etc. entscheidet, ist es angezeigt, sich nicht nur an den Aufbau berühmter Gemälde zu erinnern, sondern zwei oder drei Skizzen anzufertigen und zu Rate zu ziehen. Das tun übrigens nicht nur Freizeitmaler, sondern auch die meisten Kunstmaler.

Typische Künstlerecken.

ALLGEMEINE REGELN ZUM AUFBAU EINES LANDSCHAFTSBILDES

Vorstudium mit zwei oder drei Skizzen.

Wir müssen Ihnen noch einige klassische Regeln für den Aufbau eines Landschaftsbildes nennen, auch wenn uns klar ist, daß die Kunst der Komposition nicht das Produkt von Regeln und logischen Überlegungen ist, sondern dem Inneren entspringt (das man allerdings kultivieren und entwickeln kann).

Wichtig ist, daß man alle Möglichkeiten in Betracht zieht, die einem das Thema bietet. Man sollte es also unter allen Blickwinkeln prüfen, die Lage der Formen zueinander vergleichen und Wert auf Kontraste in Formen und Farben legen. In diesem Zusammenhang sei darauf hingewiesen, daß die Richtung, die Stärke und die Qualität des Lichtes von entscheidender Bedeutung sind. Der eigentliche Bildausschnitt läßt sich recht gut mit Hilfe eines Rahmens aus schwarzer Pappe im Format zehn mal fünfzehn Zentimeter bestimmen (Abbildung 81).

Allgemeine Analyse.

Von Anfang an sollte man sich an das klassische Schema einer Landschaftskomposition halten, das auf der Wahl eines hervorgehobenen Motivs im Vordergrund und zwei oder drei weiteren Ebenen beruht, die den Eindruck der Tiefe vermitteln. Denken Sie daran, daß sich Hervorhebung des Vor-

81

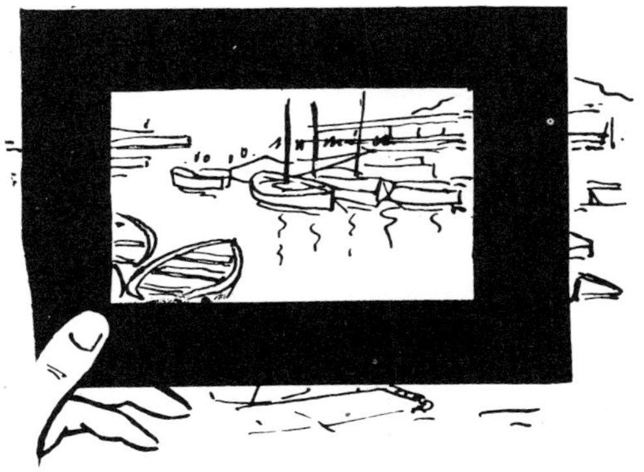

Abbildung 81: Das Modell kann seinen Platz nicht verändern, aber Sie können es! Studieren Sie alle Möglichkeiten. Prüfen Sie es von oben, von unten und von der Seite. Benutzen Sie zur Bestimmung des Ausschnittes einen Papprahmen, wie nebenstehend abgebildet.

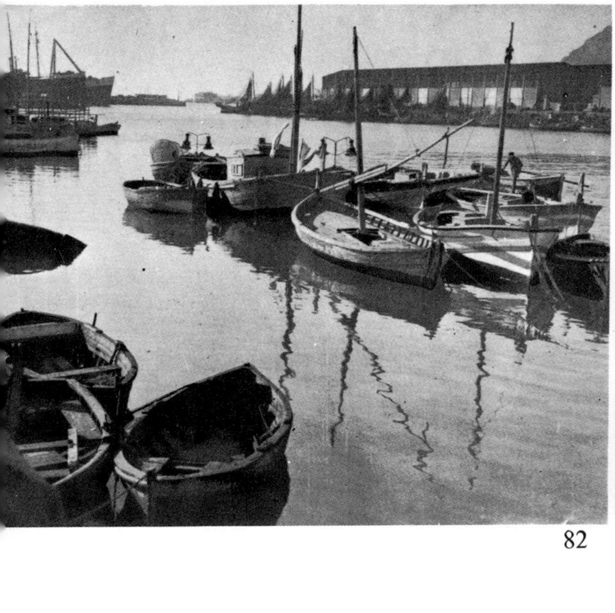

82

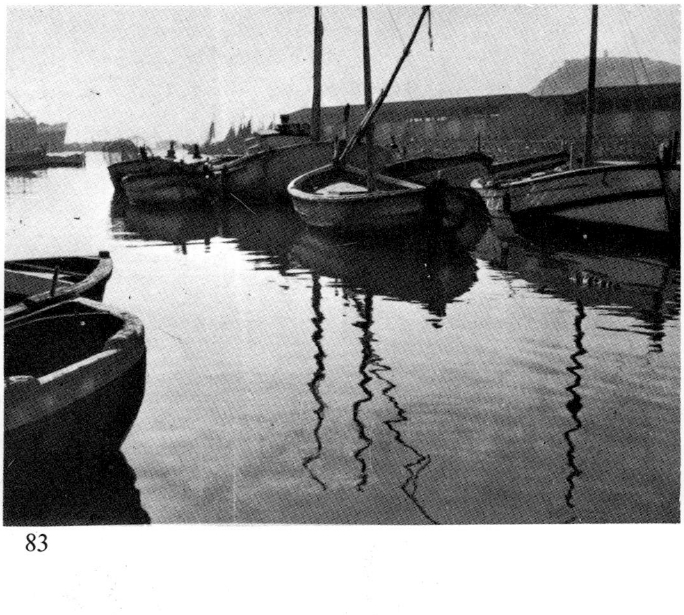

83

dergrunds entweder aus einem Kontrast der Formen oder der Farben ergeben kann. Wenn Sie erst über mehr Erfahrung und ein größeres Wissen verfügen, können Sie aber auch von dieser Regel abweichen (Abbildung 84).

Klassische Regel: Betonen Sie den Vordergrund.

Die Färbung und die Zeichnung des Himmels können in manchen Fällen von entscheidender Bedeutung für die Einteilung und die Harmonie des

84
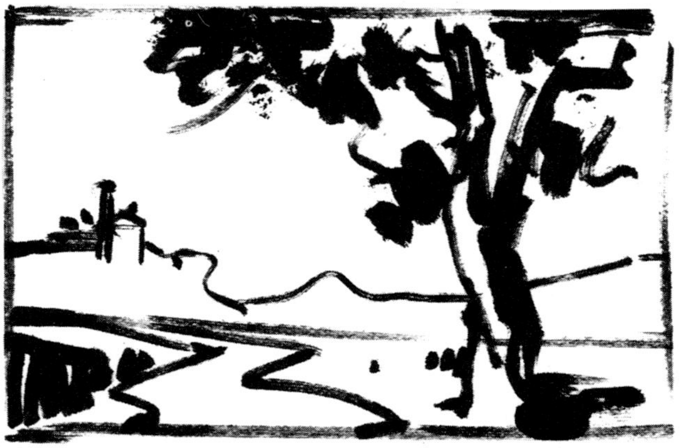

Abbildung 84: Die Regel, nach der sich der Vordergrund entweder durch die Farbe oder durch die Formen abheben soll, führt immer zu einem sicheren Kompositionsergebnis.

85
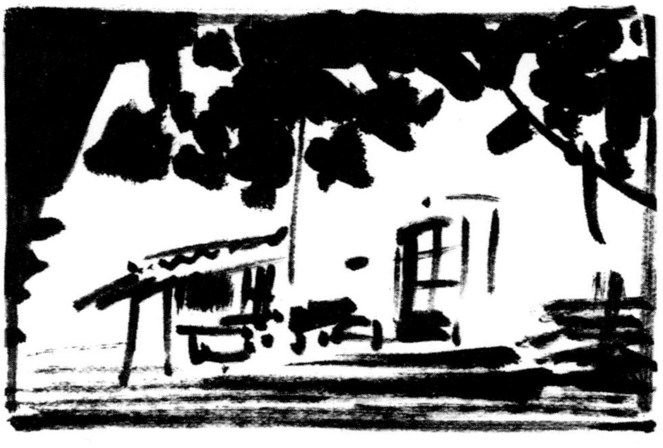

Abbildung 85: Auf diesem Bild erkennen Sie, daß der Vordergrund eine bühnenähnliche Wirkung hat, die ein Gefühl der Tiefe vermittelt und gleichzeitig die notwendige Einheit der Komposition verstärkt.

86
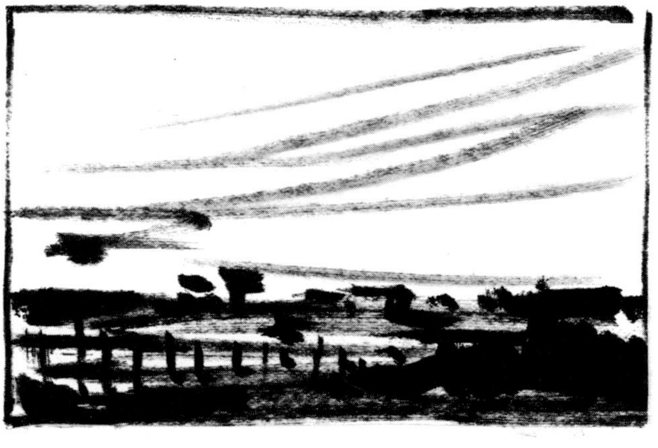

Abbildung 86: Weite Himmel mit niedrigem Horizont sind immer ein wirkungsvolles Thema.

Den Horizont nicht in die Mitte legen.

Bildes sein. Das gilt insbesondere für das Aquarell, bei dem der Himmel oft ein bestimmendes dekoratives Element ist. Wir denken hier an sehr weite Himmel, die Dreiviertel des Bildes einnehmen. Ganz erheblich abraten muß man jedoch davon, den Horizont genau in die Mitte zu legen (Abbildung 86).

Die Perspektive als Faktor.

Vergessen Sie nicht, die Perspektive als vereinheitlichendes Moment für die Komposition der Landschaft zu berücksichtigen. Nehmen Sie dafür jedoch einen Standpunkt ein, an dem das Zusammenfließen der Fluchtlinien nicht zu offensichtlich ist.

"Fehlt noch etwas?"

"Ja, das Licht."

Malen Sie nicht mittags.

Falls Sie nicht gerade beschließen, eine Landschaft bei bewölktem Himmel zu malen (wozu ich Ihnen nicht rate, da wir bei dieser Übung nach einem Modell mit deutlich erkennbarem Licht- und Schattenspiel suchen, bei dem die Volumen und die Kontraste betont sind), empfehle ich Ihnen, vor- oder nachmittags zu arbeiten und nicht während der Stunden, in denen die Sonne im Zenit steht. Dadurch würden die Schatten entweder entfallen oder erheblich stören.

87

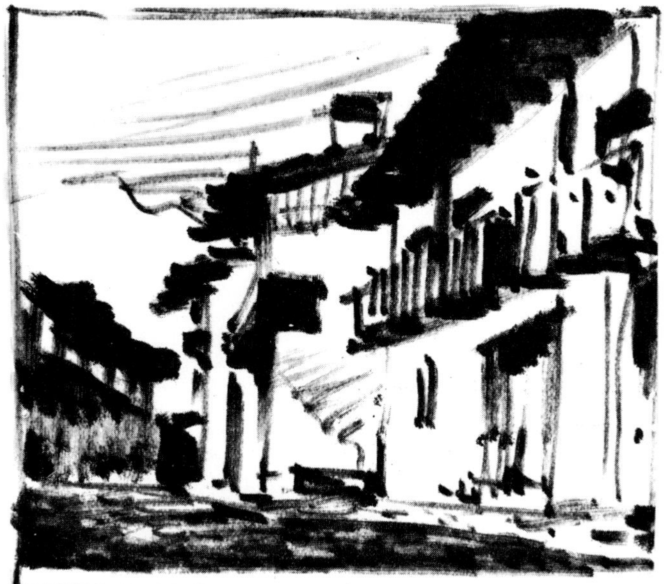

Abbildung 87: Vergessen Sie nicht, daß Sie die perspektivische Wirkung in die Komposition Ihres Bildes einbeziehen können. Achten Sie aber darauf, daß das unmerklich geschieht, damit Ihre Arbeit weder zu geordnet noch zu monoton wirkt.

88

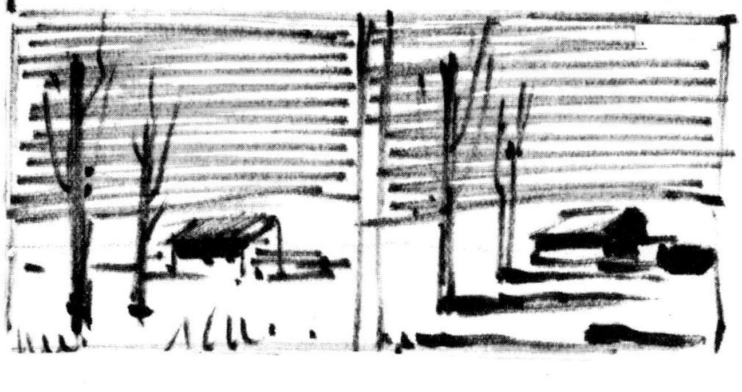

Abbildung 88: Malen Sie nicht mittags, wenn die Sonne im Zenit steht, denn zu dieser Uhrzeit gibt es entweder gar keinen Schatten, oder er stört.

FRESQUET STUDIERT DIE KOMPOSITION EINES BILDES

Ein Profi weiß auf den ersten Blick, ob sich das Motiv, das er vor Augen hat, lohnt; ob das Licht hier und heute am günstigsten ist und ob die Formen, die Verteilung der Elemente, der Farben und der Kontraste auf den verschiedenen Ebenen dergestalt sind, daß ein gutes Bild entsteht. Häufig wird sich der Kunstmaler den visuellen Eindruck aber noch durch eine einfache Bleistiftzeichnung bestätigen wollen.

Zwei oder drei Skizzen zur Komposition eines Bildes.

Auf den Abbildungen 89 und 90 der gegenüberliegenden Seite sehen Sie einige Bleistiftskizzen in verkleinertem Maßstab, anhand derer man rasch die Wirkung der gefundenen Komposition erkennen und überprüfen kann. Sie werden feststellen, daß diese Skizzen eher aus Strichen als aus Linien bestehen und daß sich alle Möglichkeiten des Modells daran bewerten lassen (Abbildung 93).

Sinn dieser vorangehenden Studien ist es also, einen guten Ausschnitt und eine gute Verteilung im Bild zu erhalten und die Wirkung von Licht und Schatten in Relation zur Komposition zu überprüfen.

*

Unser Motiv liegt jetzt fest. Stellen Sie sich vor, wir wären zusammen mit Fresquet bei einem Dorf im Süden, nahe einer engen Straße, die dort hindurchführt. Die Häuser reihen sich zu beiden Seiten der Straße im Mittelgrund. Wir sind durch das Gelände und das Grün einiger Bäume und Sträucher von ihnen getrennt. Es ist ein schöner Frühlingstag um zehn Uhr morgens. Die Sonne scheint auf die Landschaft hinunter und erzeugt starke Kontraste im Spiel aus Licht und Schatten. Wenn Sie die Augen zusammenkneifen, haben Sie den Eindruck, daß nur zwei Farben vorherrschen: ein helles Gelb an den sonnenbeschienenen Stellen und ein bläuliches Siena in den schattigen Zonen. Die räumliche Wirkung der Formen ist außerordentlich stark.

Doch zunächst möchte Fresquet uns noch etwas sagen.

“Da wir heute mit allen Farben des Aquarellkastens arbeiten wollen, lassen Sie mich zunächst erklären, worin sich die Aquarelltechnik auf trockenem Untergrund von der auf angefeuchtetem Papier unterscheidet.”

“Es handelt sich also um zwei unterschiedliche Malstile?”

“Ja, um zwei völlig unterschiedliche, die jedoch alle beide zur klassischen Aquarellmalerei gehören.”

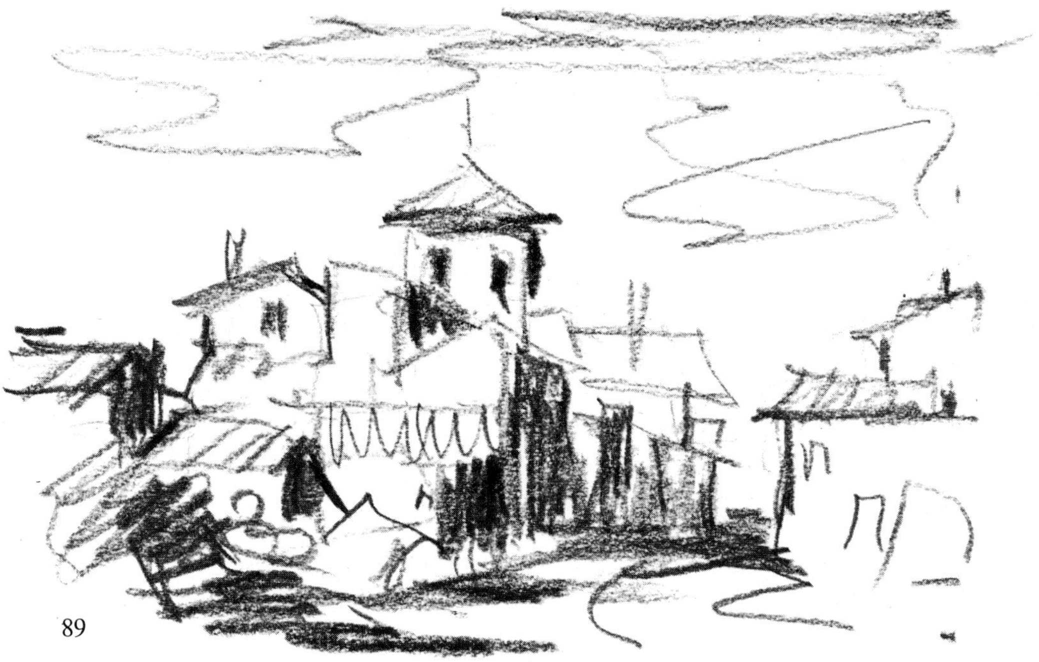

89

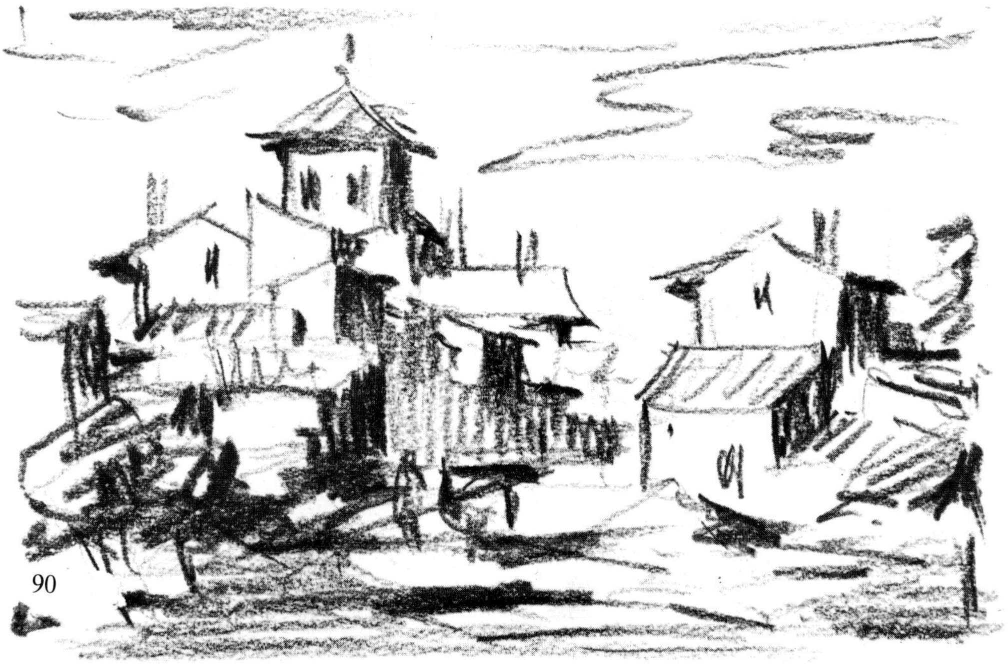

90

Abbildung 89 und 90: Hier sehen Sie zwei Skizzen, die Fresquet als Vorstudien zur Komposition des Bildes mit "trockenen" Aquarellfarben angefertigt hat, das er auf den folgenden Seiten beschreibt. Auf Abbildung 89 stellen Sie fest, daß der Hauptpunkt des Interesses des Bildes zu stark verlagert ist. (Die Straße, die zum Dorf führt, sieht fast wie eine Gasse aus.)

DIE BEIDEN KLASSISCHEN AQUARELLTECHNIKEN

DAS "TROCKENE" UND DAS "NASSE" AQUARELL

Die "Naß-in-Naß-Technik" kennen Sie zumindest schon theoretisch. Sie ist im wesentlichen dadurch gekennzeichnet, daß man stets auf feuchtem Malgrund arbeitet und die Farben sich mischen und die Konturen verfließen. Sie wissen ebenfalls, daß diese Technik davon ausgeht, daß man mehrere Farbschichten übereinanderlegt und von Hell nach Dunkel arbeitet, also mit hellen Farben und Werten beginnt und die dunkleren Farben und Werte darüberlegt. Die Aquarellmalerei auf trockenem Malgrund ist in gewisser Weise das genaue Gegenteil. Man malt generell auf trockenem Papier und auf getrockneten Farbschichten und beginnt mit den dunklen Farben und Werten, um dann...
Aber das werden wir in der Praxis sehen, wenn wir Guillermo Fresquet beim Malen eines trockenen Aquarells zuschauen und kommentieren, was er tut.

FRESQUET MALT EIN AQUARELL IN DER TROCKENTECHNIK

Fresquet feuchtet das Papier zu Beginn mit einem dicken Pinsel und sauberem Wasser an... Ja, ich weiß schon, was Sie jetzt denken.
Aber welche Technik Sie auch immer verwenden: vor Beginn einer jeden Aquarellmalerei muß das Papier angefeuchtet werden, um eventuelle Fettspuren zu beseitigen und Brüche und Wellen des Papiers durch eine sehr wässerige Lasur etc. zu vermeiden.

Anfeuchten des Papiers zum Entfernen von Hautfett..

Fresquet wartet, bis das Papier völlig trocken ist, und beginnt dann mit einer raschen Skizze, einem sehr vereinfachten, völlig linearen Aufbau ohne einen einzigen Schatten oder eine einzige Graufläche.
Während er die Formen und Silhouetten skizziert, kommt ein Bauer mit seinem Esel des Weges. Fresquet beobachtet die beiden eine Weile, dann zeichnet er Mensch und Tier mehr oder weniger aus dem Gedächtnis an die Biegung der Straße. Als erinnere er sich an etwas, deutet er weiter entfernt die Umrisse einer weiteren Person an.
"Was soll denn das?"
"Lassen Sie es mich erklären. Wenn immer es logisch möglich ist, sollte man ein oder zwei Personen in das Bild einfügen, die ihm abgesehen von der Farbnuance (ich werde den Bauern in einem Rotton und den Menschen im Hintergrund in Blau malen) ein Gefühl von Leben und Wirklichkeit verleihen. Das ist sozusagen ein kleiner Trick, um das Bild lebendiger zu gestalten. Und abgesehen davon: Wäre es sinnvoll, ein verlassenes Dorf ohne jedes Leben zu malen?"
Fresquet ist ein sehr kluger Maler. Beachten Sie zum Beispiel die folgende Kleinigkeit, und behalten Sie sie im Gedächtnis: Fresquet hat zwei Menschen gemalt und sich beinahe instinktiv entschlossen, den vorderen rot und den weiter entfernten blau zu malen. (Später werden wir beobachten, daß er aufgrund derselben Überlegung und Erfahrung an den unteren

Rot und Gelb holen heran, Blau "entfernt" einen Gegenstand.

Rand der Säcke auf dem Esel eine kleine, aber deutlich sichtbare Spur Gelb gibt.) Erraten Sie, weshalb er sich ausgerechnet für Gelb und Rot im Vordergrund und für Blau in den entfernteren Teilen entscheidet? Natürlich: die beiden warmen Grundfarben bringen die Formen näher heran, machen sie deutlicher sichtbar und stellen sie damit heraus, während das Blau sie weiter entfernt erscheinen läßt. Vergessen Sie das nie: die Konsequenz liegt auf der Hand.

"Ich beginne immer mit dem Malen des Himmels."
"Gibt es dafür einen besonderen Grund?" werden Sie fragen.
"O ja, mehrere", antwortet Fresquet. "Der wichtigste ist, daß einem der Himmel über einer Landschaft beim Aquarell gelingen muß und man hinterher nicht darauf zurückkommen darf. Er ist die Grundlage für das Gesamtbild." Diese harte Forderung ist darin begründet, daß das Aquarell als ein "impressives" Bild betrachtet wird, das den momentanen Eindruck von einer Landschaft wiedergibt und daher einer spontanen, sauberen Ausführung bedarf. Eine Landschaft besteht aus Gebirgen, Häusern, Bäumen etc., die auf unterschiedlichen Ebenen liegen und unterschiedliche Farben mit unterschiedlichen Licht- und Schattenwirkungen auf normalerweise genau abgegrenzten Flächen besitzen. Es ist daher völlig normal, diese Formen abschnittweise durch Überlagerung und Nebeneinanderstellen von Farben zu malen. Der Himmerl enthält diese Vielfalt an Formen und Farben jedoch nicht. Der Himmel ist ein Ganzes. Selbst mit dem Weiß und Grau der Wolken hat er noch eine einheitliche Farbe: ein dominierendes Blau, ein unermeßliches Blau, das nicht mit kleinen Pinselstrichen und durch Überlagerung von Farbschichten erzielt werden könnte. (Wir sprechen hier nicht von dem Himmel, bei dem Blau vorherrscht, weil keine Wolken vorhanden sind, oder von einem gleichmäßig grauverhangenen Himmel.) Deshalb sei hier nochmals an die Regel erinnert:

Die Wichtigkeit des Himmels erfordert eine spontane Fertigstellung.

Beim Aquarell muß der Himmel über einer Landschaft stets auf Anhieb und ohne Korrekturen gelingen.

Unter diesen Bedingungen einen weiten wolkigen Himmel zu malen, ist nicht ganz einfach. Besser gesagt, dazu muß der Künstler sein Handwerk beherrschen. Er muß Wasser und Farbe so handhaben, daß keine Brüche entstehen, und – was noch schwieriger ist – genügend Erfahrung und den notwendigen Mut besitzen, um den richtigen Farbton zu treffen. Das ist nicht ganz einfach, denn das übrige Papier ist ja noch weiß. Hier spielt das Gesetz der simultanen Kontraste eine entscheidende Rolle. Dieses Gesetz lehrt uns, daß ein Grau (oder in diesem Fall ein Blau) um so intensiver wirkt, je heller das Umfeld ist. Sie verstehen, was ich damit sagen will: Malt man den Himmel, während das Blatt noch weiß ist, hat man den Eindruck, er sei sehr dunkel. Malt man dann das übrige Bild in Farben und Werten, die normalerweise intensiver sind als die des Himmels, erscheint dieser viel heller. Er kann tatsächlich so hell wirken, daß Sie gezwungen sind, ihn noch einmal zu malen.

Das Gesetz der simultanen Kontraste.

Aber weshalb soll ich dieses Risiko eingehen, werden Sie sich fragen. Weshalb lege ich nicht zuerst die Berge, die Häuser etc. mit einer ersten Farb-

schicht (auf die man ja immer noch einmal zurückkommen kann) an und male den Himmel anschließend?
Denken Sie daran, was ich vor ein paar Minuten gesagt habe: Der Himmel muß in einem Zug ohne Retusche oder Zuhilfenahme von Tricks gemalt werden. Stellen Sie sich den Ärger eines Künstlers vor, der die Dächer und die Mauern der Häuser, die Farbe des Bodens und der Felder schon gemalt hat und feststellen muß, daß ihm der Himmel mißlungen ist!
Ich versichere Ihnen, Sie müssen den Himmel als erstes anlegen!
Es kommen noch weitere Gründe hinzu: Beginnen Sie mit dem Malen des Himmels, also mit dem oberen Teil des Bildes, können Sie anschließend unbesorgt weiterarbeiten und brauchen nicht abzuwarten, bis er vollkommen getrocknet ist. Das fördert die bildliche Harmonie des Gesamtwerks (entsprechend dem Gesetz der simultanen Farbkontraste), da der Himmel normalerweise eine große Fläche einnimmt und seine Ausführung die Farbwirkung des übrigen Bildes beeinflußt.

Weitere Gründe, den Himmel zuerst zu malen.

(Auch bei der Ölmalerei beginnt man normalerweise mit dem Himmel. Da Ölfarben jedoch deckend sind, läßt sich die erste Farbschicht später noch verändern und je nach Wunsch aufhellen oder verstärken.)

"Das ist richtig", unterbricht mich Fresquet. "Aber Sie sollten die Schwierigkeit des Malens eines Himmels nicht überbetonen. Da der Himmel bei der Aquarellmalerei in einem Zug gearbeitet werden muß, reichen dazu wenige Minuten. Vielleicht gelingt das heute noch nicht; aber eines Tages ganz gewiß."

Fresquet mischt auf seiner Palette ein neutrales, etwas graustichiges Blau aus Ultramarin, Kobaltblau und einer Spur Siena... Außerdem bereitet er ein Grau aus Ultramarin und Siena vor... Und ein weiteres Grau mit einer zusätzlichen Spur Karmin. Dann beginnt er zu malen.
Das Papier ist vollkommen trocken.
Fresquet taucht den Pinsel ins Wasser, nimmt ein wenig Blau auf und malt den oberen und den linken Teil des Himmels. Das Blau ist ziemlich hell und enthält nicht viel Wasser. Unmittelbar darauf legt er eine Schicht Grau daneben. Die beiden Farben vermischen sich. Er trocknet den Pinsel mit dem Tuch ab, streift über den unteren Teil des Graus, saugt Farbe ab und hellt es auf. Anschließend zieht er mit sicherem Strich die Umrisse der Dächer. Nun benötigt er noch den leichten Rotstich in der Abstufung. Dazu nimmt er eine Pinselspitze Rot und mischt es auf der Palette mit dem Grau. Er streicht damit über den Horizont. Da die vorige Schicht noch feucht ist, mischen sich die Farben.

Verfahren.

Das Eingangsblau besitzt immer noch ein wenig Feuchtigkeit, es ist also noch nicht vollkommen trocken. Fresquet nimmt etwas Wasser und ein dunkleres Blau und legt es darüber. Das Dunkelblau weitet sich zu einem Fleck aus, zieht sich bis zur feuchten Fläche des Horizonts und hinterläßt am unteren Rand eine gewisse Ansammlung von Farbe, die dem schmalen Rand beim Trocknen einen etwas dunkleren Ton verleiht. (Siehe Abbildung 91, die dem ersten Stadium des Bildes entspricht.)

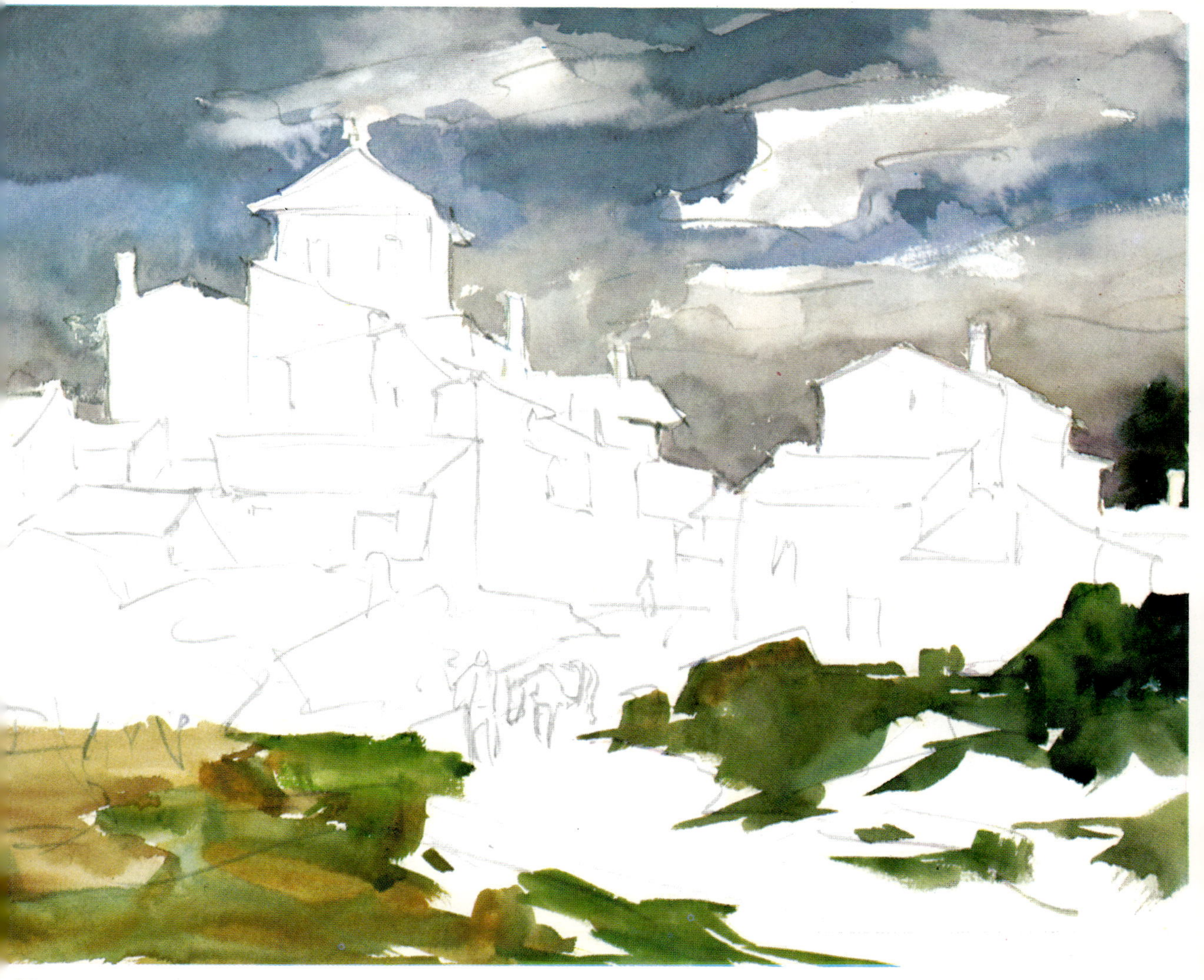

91

So geht Fresquet vor.

Fresquet beachtet die Entwicklung dieses blauen Flecks nicht allzu lange. Mit gewohnter Sicherheit legt er eine blaue Lasur rechts über den Turm und arbeitet hier wieder auf trockenem Papier. Dabei spart er als erstes die Fläche für die große Wolke aus, die sich über den Turm hinwegzieht. Betrachten Sie einmal die weiße Wolke, die nur durch das trockene Papier dargestellt wird. Welch eine seltsame, überraschende Wirkung erzielt Fresquet hier! Vielleicht liegt es daran, daß er den Pinsel anschließend reinigt und mit sauberem Wasser über die weiße Fläche fährt, das Wasser dann nach oben zieht und die Farbe dadurch aufhellt und die Konturen verwischt, die vorher deutlich sichtbar gewesen waren. Am unteren Wolkenrand läßt er den "Bruch" dagegen bestehen.
Beachten Sie, wie das helle Blau, von dem soeben die Rede war und das auch den unteren Rand der Wolke begrenzt, mit dem Grau des Horizonts, während es noch feucht war, verflossen ist (rechts vom Turm). Fresquet

wiederholt dieses Verfahren, indem er nun eine Lasur Dunkelblau aufträgt, die sich ebenfalls wie die vorherige ausdehnt und mit dem hellen Blau verfließt. Doch wenn es die hellere Wolke erreicht, entsteht eine klare Linie, so daß die weiße Fläche der Wolke unangetastet erhalten bleibt.
Haben Sie verstanden, worum es bei dieser sehr speziellen Methode des "trockenen" Malens geht? Fassen wir zusammen, was wir bisher gesehen haben! Fresquet trägt die Farbe zunächst auf das trockene Papier auf und legt, während sie noch feucht ist, eine zweite Farbe daneben, die aufgrund der Feuchtigkeit in die erste hineinfließt und sich mit ihr vermischt. Dort, wo er es für nötig hält – je nachdem, was ihm das Modell "eingibt" –, malt er auf völlig trockenem Malgrund mit klaren Abgrenzungen. In Wirklichkeit verbindet er also die Trocken- und die Naßtechnik, um je nach Wunsch den Eindruck des Verfließens oder der festen Begrenzung zu erreichen. Das ähnelt in der Praxis ein wenig der Lavierung, bei der man einerseits die Farbe-Wasser-Mischung sich ansammeln läßt und sie vor dem Trocknen absaugt und an anderen Stellen knapp hält, damit man hier eine konkrete Form zeichnen und ausmalen kann.
Man könnte meinen, daß die Aquarellmalerei auf trockenem Malgrund eine noch größere Schnelligkeit erfordere als das Malen auf feuchtem Untergrund. Das ist jedoch nicht der Fall. Eine Lasur muß homogen, gleichmäßig und fortlaufend sein. Sie erlaubt keine Retusche und erfordert eine gleichbleibende Feuchtigkeit. Beim Malen auf trockenem Grund kann man dagegen, wie wir gesehen haben, die Farbe nachträglich verstärken, korrigieren oder absaugen... Der Bruch ist erwünscht und von erheblicher Bedeutung und taucht ziemlich häufig auf. Entsteht dagegen beim Aquarell in Naßtechnik ein Bruch, hat das zur Folge, daß Sie von vorn beginnen müssen.

Die Trockentechnik ist bequemer als die Naßtechnik.

Kehren wir jetzt zu Fresquets Arbeit zurück. Auf der rechten Seite des Horizonts bemerken Sie hinter den Häusern einen dunkelgrünen Farbfleck, der die Bäume darstellt (siehe Abbildung 93). Beachten Sie, daß die Begrenzung dieser Bäume mit der graustichigen Farbe des Himmels verfließt, da Fresquet sie angelegt hat, während der Himmel noch feucht war. Sie erkennen deutlich, daß die Bäume in Naßtechnik gemalt wurden, während die Konturen der Häuser auf trocknem Malgrund aufgetragen worden sind. Das ist völlig logisch: denn die Bäume stehen wesentlich weiter entfernt als die Häuser und gehören zum Hintergrund. So ist es absolut richtig, wenn deren Konturen verfließen, um den Eindruck eines Abstands zwischen der Ebene der Häuser und der der Bäume zu erwecken. Daraus läßt sich die folgende Regel ableiten:

Fließende und feste Konturen.

Beim Malen mit Aquarellfarben auf trockenem Untergrund sind die am weitesten zurückliegenden Konturen in Naßtechnik anzulegen, um ein Gefühl der Tiefe zwischen den unterschiedlichen Ebenen zu erzielen.

Um das erste Stadium zu beenden, malt Fresquet das Grün und das Siena

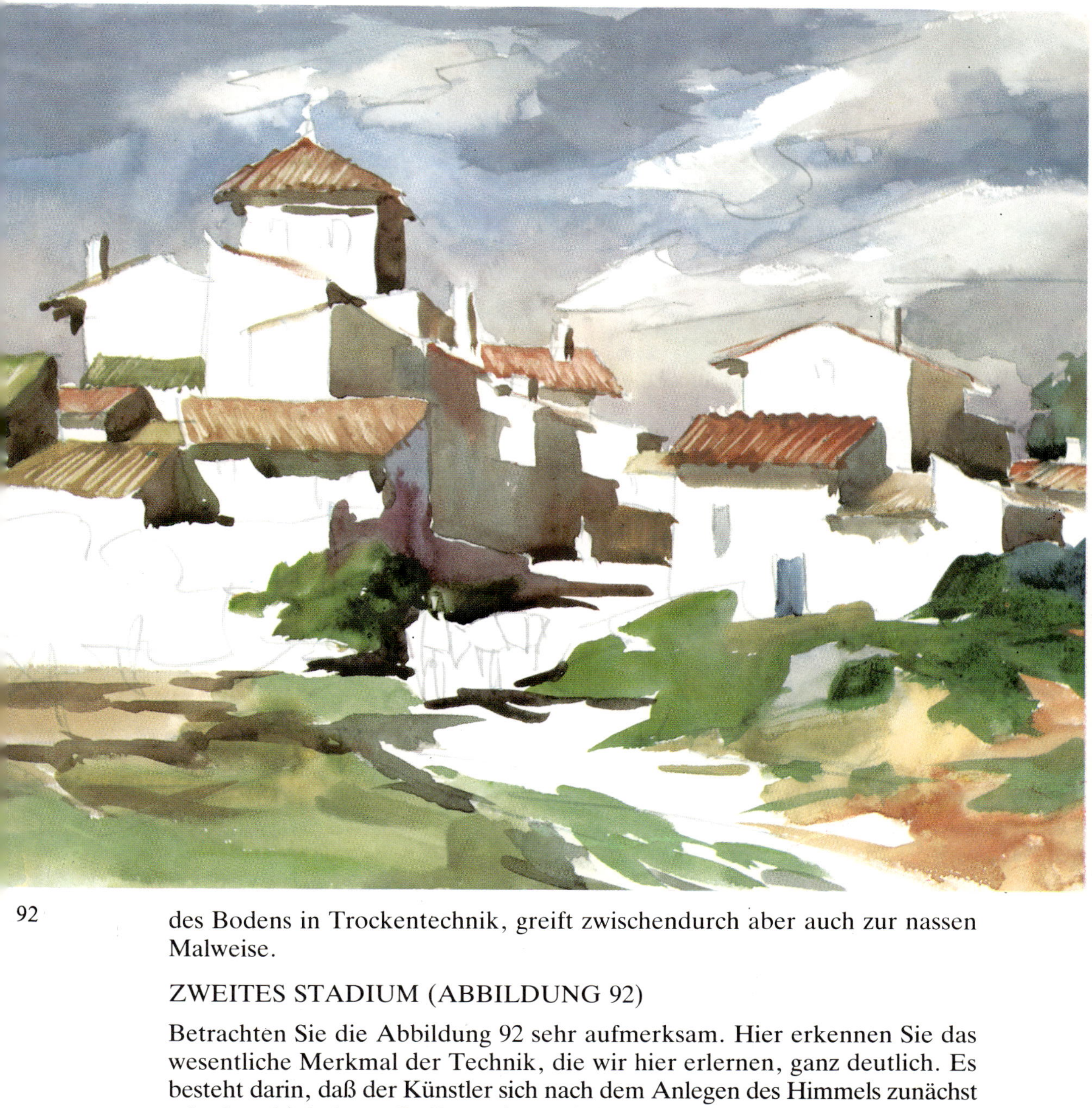

92

des Bodens in Trockentechnik, greift zwischendurch aber auch zur nassen Malweise.

ZWEITES STADIUM (ABBILDUNG 92)

Betrachten Sie die Abbildung 92 sehr aufmerksam. Hier erkennen Sie das wesentliche Merkmal der Technik, die wir hier erlernen, ganz deutlich. Es besteht darin, daß der Künstler sich nach dem Anlegen des Himmels zunächst mit den dunkelsten Stellen seines Bildes befaßt. Er trägt die intensiven Farben auf und läßt die mittleren und hellen Töne vorläufig beiseite. Diese Regel ist so wichtig, daß wir sie hier festhalten müssen:

Die Aquarelltechnik auf trockenem Malgrund ist dadurch gekennzeichnet, daß man zunächst die dunkelsten Stellen (dunkle Schatten und intensive Farben) anlegt und die helleren Stellen weiß läßt.

Das ist viel dramatischer, nicht wahr? Wie bequem ist es, wenn man die Formen zeichnen, ausmalen und ihnen das volle Volumen geben kann und trotzdem die Möglichkeit hat, etwas zu korrigieren oder zu verstärken, indem man eine weitere Farbschicht darüberlegt, falls es sich als notwendig erweist. Eine Technik wie diese führt, wie wir feststellen können, zu einem kontrastreichen, kraftvollen Bild mit interessanten Effekten. Das bringt uns zu einem neuen Aspekt dieses Themas:

Zur trockenen Aquarelltechnik ist bei allen Themen oder Modellen zu raten, die aus sich heraus kontrastreich sind. Als klassisches Motiv ist hier die Landschaft im hellen Sonnenlicht zu nennen.

Beachten Sie, mit welcher Sorgfalt Fresquet die Fläche für die mittleren und hellen Farben ausgespart hat: zum Beispiel die kleine Figur im Hintergrund oder die Schornsteine, etc.
Beachten Sie ferner, wie Fresquet in diesem zweiten Stadium das Problem der Farbgebung der Dächer löst – jedes entsprechend der eigenen Farbe des Modells. Er malt sie nicht – wie leider mancher unerfahrene Hobbymaler – serienmäßig mit derselben Farbe, sondern gibt das Muster der Dachziegel durch helle Linien oder Striche wieder, die er mit der Holzspitze eines derzeit nicht benötigten Pinsels zieht. Dieses Verfahren haben wir bereits erklärt.

Die Formen der Ziegel werden mit der Stielspitze gezeichnet.

DRITTES UND LETZTES STADIUM (ABBILDUNG 93)

Drittes Stadium: Zuerst die hellen Farben auf die schon trockenen dunkleren Farbschichten.

Als dritten Schritt malt Fresquet zunächst die hellsten Stellen, also die breitangelegten Lasuren, die den größten und hellsten Flächen entsprechen. Dazu gehören die Straße, das cremige Gelb der meisten Häuser etc. Er stellt diese Flächen mit langen Pinselstrichen her, ohne sich allzusehr darum zu kümmern, ob er über den Rand hinausgerät oder nicht. Kommt er zu jenen Flächen, die anschließend noch mit einer dunkleren Farbe überlegt werden müssen, malt er sie völlig mit der hellen Farbe aus (zum Beispiel die Mauern und den Boden auf der linken Seite, auf dem später zwei oder drei Bäume stehen sollen).
Auf eines achtet Fresquet aber sehr stark: Keinesfalls darf er die dunklen Farben des Schattens, die er bereits angelegt hat, mit dieser Lasur überziehen. Die dunklen Farben sind bereits trocken. Denken Sie immer daran, daß ein Eindringen der flüssigen Farbe-Wasser-Mischung in eine trockene Farbschicht zu Flecken und Farbfehlern führt, die auf eine mangelhafte Beherrschung der Technik hinweisen. Dasselbe gilt, wenn man mit einem in Wasser oder helle Lasur getauchten Pinsel darüberfährt. Auch dadurch können sichtbare Flecken entstehen, die jenen ähneln, die wir mit der Absaugmethode bewußt erreichen wollen.

Farbvarianten und Tonabstufungen.

Sie können feststellen, wie sehr sich Fresquet bei diesen hellen Farben – und nicht nur bei diesen – bemüht, eine große Differenzierung der Farbtöne zu erzielen, die das Bild außerordentlich bereichern. Analysieren Sie einmal die Farbflächen der sonnenbeschienenen Mauern ganz genau. Dann erkennen Sie, daß manche einen Gelbstich, andere einen Rotstich etc. haben. Sie erkennen ebenfalls, daß sich in jeder Ebene ganz leichte, aber unübersehbare Farbunterschiede befinden – Tupfer, die das Bild lebendig machen und seinen künstlerischen Wert erhöhen. Beachten Sie in diesem Zusammenhang die feinen Tonabstufungen in der Farbe für die Straße.

Dann kommen die mittleren Farben und Töne.

Der Künstler arbeitet jetzt mit den mittleren Farben wie dem Siena für die Vorderseite des Hauses zur Rechten. Es versteht sich von selbst, daß er hier die mittlere Farbe auf die noch feuchte vorherige Schicht aufträgt. Dasselbe Verfahren wendet er für die Bäume im Vordergrund zur Linken an. Er stellt sie in Naßtechnik her, trägt zunächst ein helles Grün auf und legt anschließend, während es noch feucht ist, das dunklere Grün, das den schattigen Teilen der Bäume entspricht, darüber.

Anschließend malt Fresquet mit raschen, spontanen Pinselstrichen die Personen, die Türen, die Fenster und die horizontalen Schatten im Vordergrund.

Schlußarbeiten.

Die Abschlußarbeiten bestehen hauptsächlich aus dem Ausbalancieren gewisser Farbwerte, dem Verstärken mancher Töne an der einen oder anderen Stelle oder dem Auswaschen und Aufhellen an einer dritten... Beachten Sie zum Beispiel den vertikalen Streifen auf dem Schatten zwischen den Häusern entlang der Straße gerade oberhalb des Bauern mit dem Esel. Haben Sie ihn gefunden? Studieren Sie jetzt die entsprechende Stelle in Abbildung 92. Sie werden beim Vergleichen der beiden Stadien feststellen, daß Fresquet während des ersten Stadiums noch keine Kontraste eingeplant hatte, um das Haus, das uns am nächsten liegt, von dem entfernteren abzuheben und damit Raum zwischen beiden zu schaffen (hauptsächlich deswegen nicht, weil sich das Modell dafür in der Tat nicht sonderlich anbot). Er hat jedoch die Lösung für dieses Problem ziemlich leicht gefunden und Farbe und Wasser mit der Ihnen bereits bekannten Technik abgesogen.

Weißflächen.

Bleibt nur noch zuzuschauen, wie Fresquet mit der Stielspitze des Pinsels und dem Fingernagel, den er gern verwendet, die kleinen weißen Linien und die Spuren im Gras des Vordergrunds anlegt (Pinsel) oder die Fläche mit den dicken Strichen am linken Straßenrand erhält (Fingernagel). Beachten Sie auch die beiden kleinen senkrechten Striche, die die Fenster der im Schatten liegenden Häuser an der Straße darstellen.

Ich fasse die wichtigsten Punkte dieser Trockentechnik noch einmal zusammen:

1. **Malen Sie den Himmel in einem Zug.**
2. **Malen Sie die dunkelsten Stellen, also die Schatten und die starken Farben, "trocken", und sparen Sie die hellen und die weißen Stellen aus.**
3. **Warten Sie, bis das Bild trocken ist, und kolorieren Sie dann die helleren Zonen, die den beleuchteten Stellen entsprechen.**
4. **Malen Sie die mittleren Farben je nach den Umständen naß-in-naß oder trocken.**
5. **Malen Sie die kleinen dunklen Einzelheiten.**
6. **Harmonisieren Sie die Farbwerte und die Farbtöne durch Verstärken oder Absaugen. Zeichnen Sie die kleinen weißen Linien, und schließen Sie das Bild ab.**

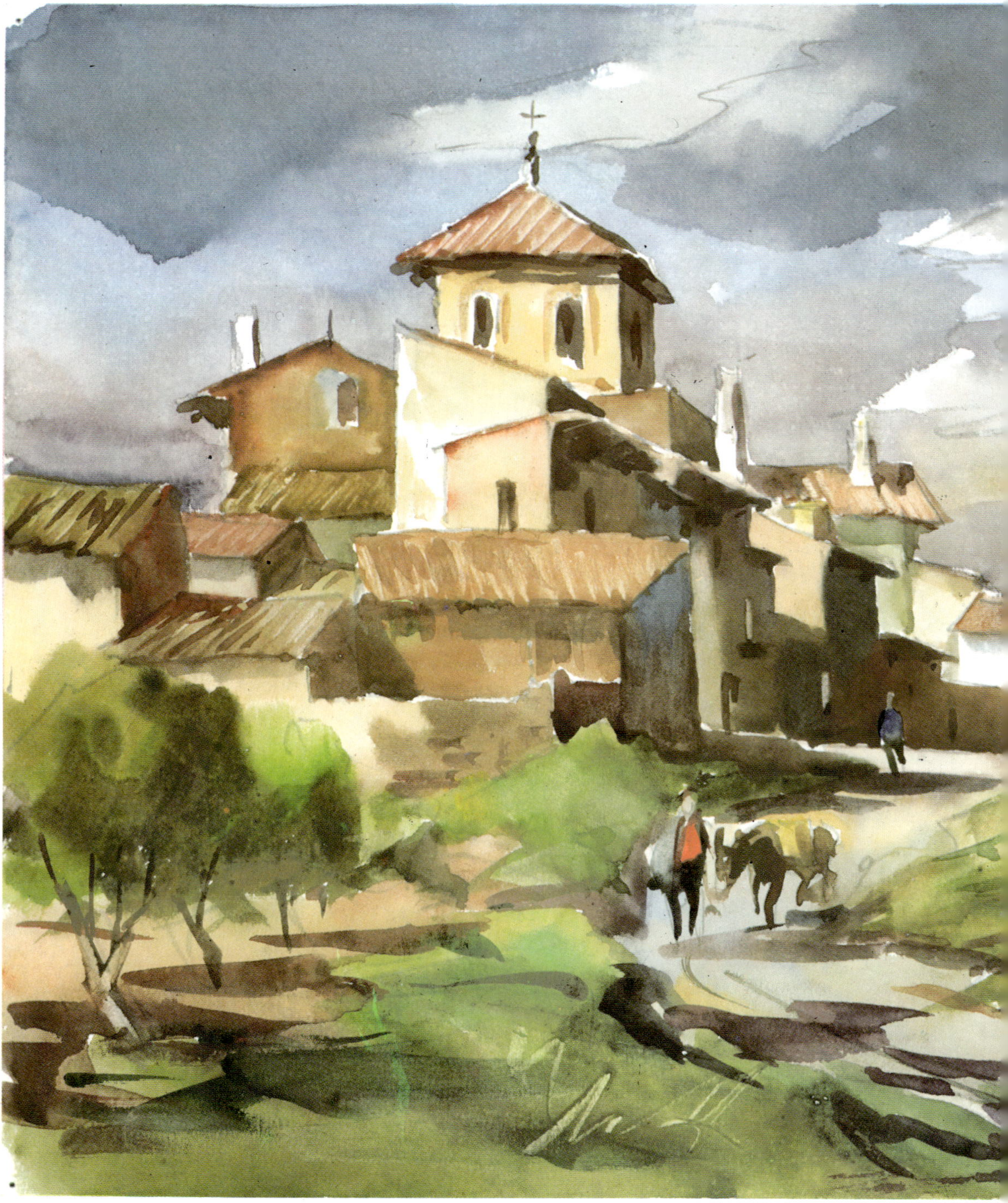

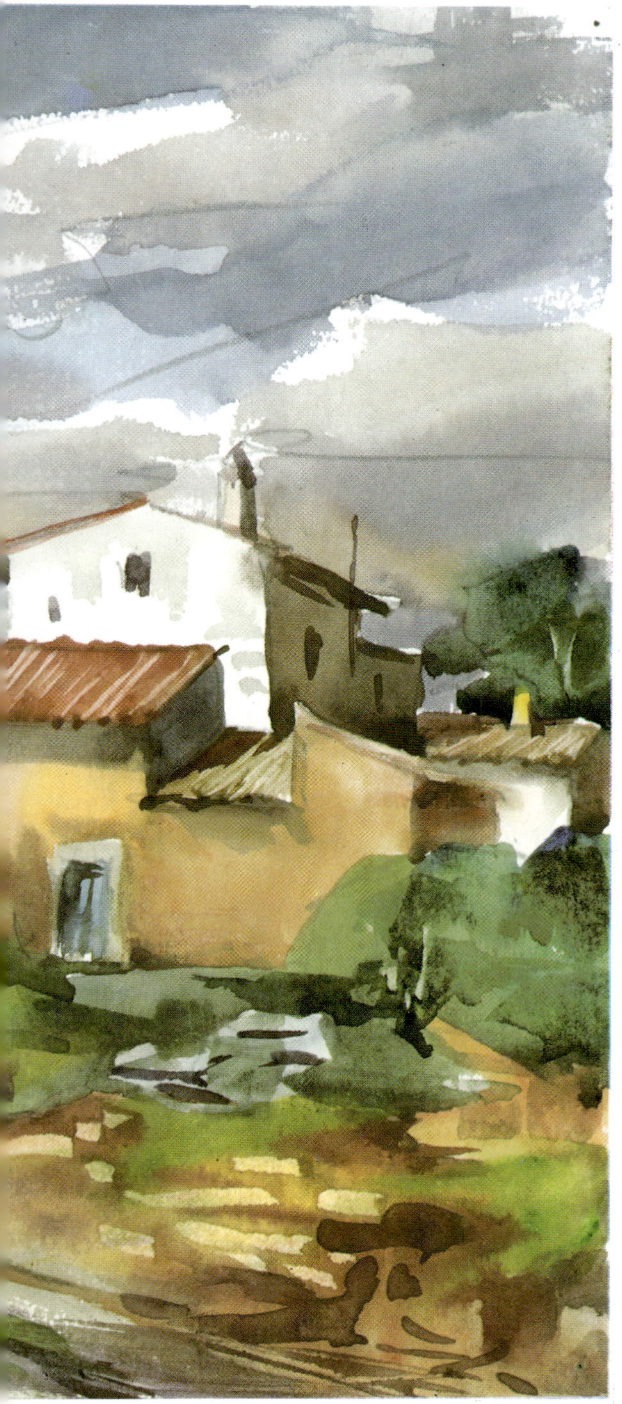

93

Abbildung 93: Das fertige Aquarell, das Guillermo Fresquet speziell für dieses Buch als Teil der Unterweisung in der Trockentechnik malte. Das Original ist etwas größer als die Reproduktion (genau 25 × 32 cm).

HERSTELLUNG EINES AQUARELLS IN NASS-IN-NASS-TECHNIK

Befassen wir uns jetzt mit einer anderen Technik und einem anderen Thema. Wir sind in der Umgebung von Barcelona, nahe bei San Baudilio de Llobregat. Der Himmel ist bewölkt: einer jener Nachmittage, an denen es morgens geregnet hat, die Wiesen und die Erde noch feucht sind und die Sonne plötzlich durch die Wolken bricht und eine herrliche Licht- und Farbensinfonie erzeugt.

Fresquet versichert mir, daß er diese Landschaft an solch einem Nachmittag entdeckt hat, als er mit dem Wagen hier entlangfuhr. "Damals war das Licht sogar noch besser", sagt er. "Der Hintergrund war geradezu golden!"

Wie alle Künstler, drückt sich auch Fresquet in Farben aus. Aber er weiß natürlich, daß die Erinnerung und die Vorstellungskraft ein einmal gesehenes Bild idealisieren können und es herrlicher erscheinen lassen, als es in Wirklichkeit war.

Doch trotz dieses Einwandes ist die Landschaft natürlich ein herrliches Motiv, wie Sie anhand von Abbildung 96 selbst feststellen können.

ZUNÄCHST DER HIMMEL – IN DIESEM FALL MIT DEN DREI BAUMWIPFELN

Befeuchten Sie zunächst das Papier, um eventuelle Fettrückstände zu entfernen. Skizzieren Sie die Landschaft anschließend mit wenigen Strichen, die gerade ausreichen, um die Hauptbestandteile zu plazieren. (Sie sehen, mit welcher Sicherheit Fresquet zeichnet.) "In diesem Fall brauche ich keine Vorskizzen", erklärt Fresquet. "Mir stehen der Ausschnitt, die Kontraste, die Farbtöne, die Komposition und – das versteht sich von selbst – das Licht genau vor Augen." Beachten Sie im Hinblick auf die Komposition einerseits die Originalität des Vordergrundes – die freie Fläche zwischen uns und den am nahestehendsten Bäumen, die in gewissem Sinne der klassischen Vorstellung von einem Vordergrund widerspricht – und die Einheit und Ordnung des Gesamtbildes, die sich aus dem diagonalen Kompositionsschema und dem Eindruck der Vielfalt ergibt, der durch die praktisch schräg verlaufende Perspektivlinie der Straße und der Baumreihe entsteht.

Beschreibung des Themas. Beachten Sie die diagonale Anlage.

Fresquet beginnt auch hier wieder mit dem Malen des Himmels und schließt in diesem Fall die Baumwipfel mit ein. Er benutzt dazu die Naß-in-Naß-Technik.

ERSTES STADIUM (ABBILDUNG 94)

...und erster unabdingbarer Schritt in der Naßtechnik:

BEFEUCHTEN SIE DAS PAPIER, DAMIT SIE AUF NASSEM MALGRUND ZU ARBEITEN BEGINNEN

"Das Papier darf aber nicht zu naß sein", erklärt Fresquet. "Hält man das Papier so vor eine Lichtquelle, daß das Licht waagerecht darüberläuft, darf das Wasser nicht glitzern. Sie müssen also abwarten, bis es in die Papierfaser eingedrungen ist. Andererseits muß die Feuchtigkeit so bemessen sein, daß Sie mehrere Farbschichten darüberlegen können!"

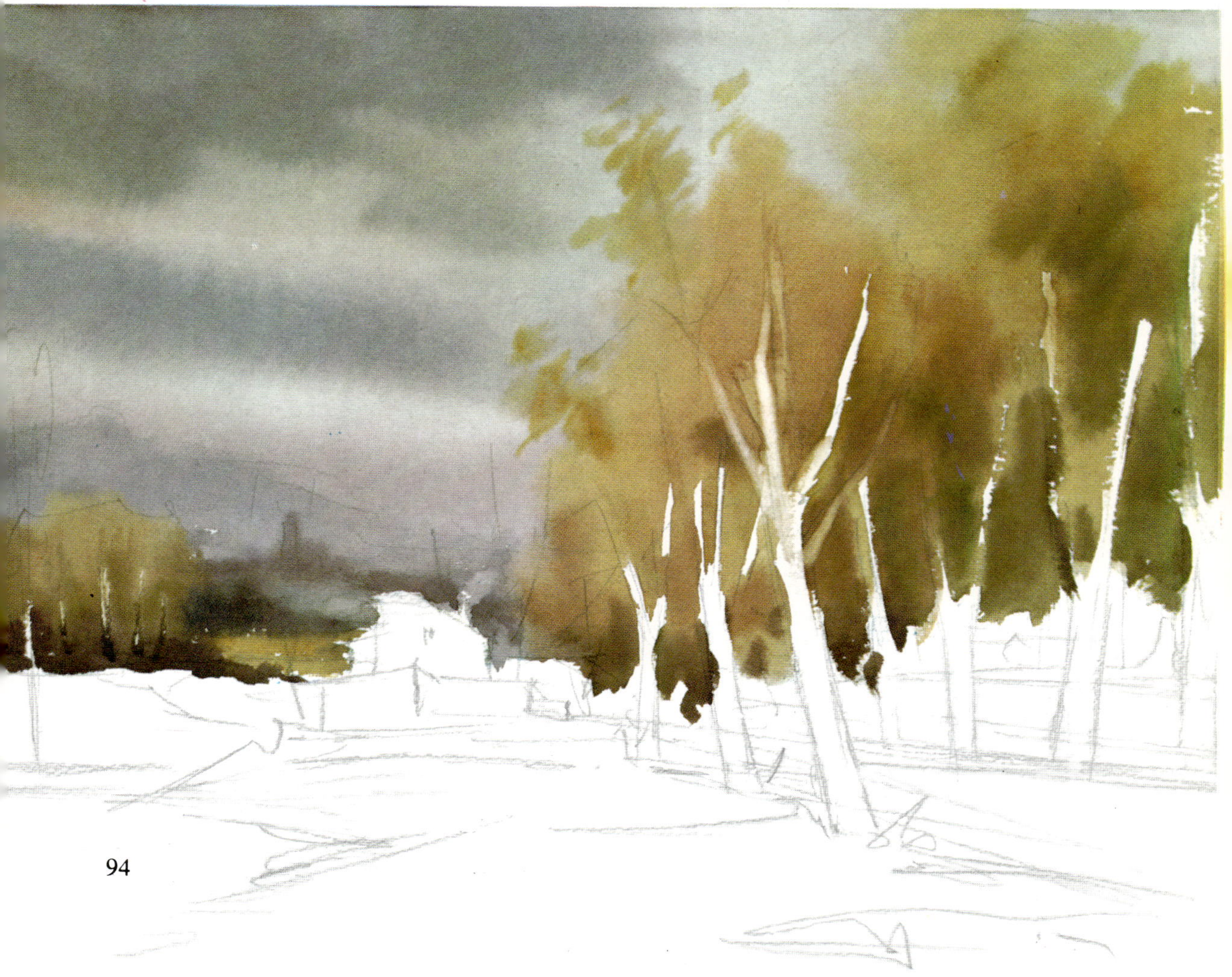

94

Denken Sie auch daran, daß man diese erste Wasserschicht am besten mit einem breiten Pinsel oder einer Bürste aufträgt.

Die Feuchtigkeit darf nicht zu groß sein.

Fresquet feuchtet das Papier also an. Dabei achtet er sorgfältig darauf, daß die Weißstellen für die Baumstämme und der untere Abschnitt für den Vorder- und Mittelgrund nicht benetzt werden. Beachten Sie im Hinblick auf die unterschiedlichen Ebenen, daß Fresquet die Begrenzung des grünen Feldes hinter dem Bauernhof als Horizontallinie festlegt, die näher und niedriger verläuft als der tatsächliche Horizont. Auf diese Weise kann er den wirklichen Horizont und die weitesten Entfernungen mit verschwimmenden Konturen in der Naßtechnik anlegen und dadurch einen größeren Eindruck von Weite und Tiefe erzielen.

Entferntere Teile sind undeutlicher.

Auf der rechten Seite ist die Begrenzung des Horizontes durch die Wipfel der Bäume jedoch wesentlich deutlicher zu erkennen. Da die Bäume näher zum Betrachter stehen, erfordern sie eine größere Präzision.

Das ist eine wichtige Erkenntnis. Sie besagt, daß die größten Entfernungen

stets aufgelöst werden sollten, um einen reizvollen Kontrast zu den mehr oder weniger festen Formen des Vorder-und Mittelgrundes zu bilden.
Fresquet fängt jetzt an zu malen. Kehren wir also zum Bild zurück. Er beginnt das Aquarell mit dem linken oberen Teil des Himmels und trägt einen hellen, warmen Grauton auf die feuchte Fläche. Er zieht dieses Grau zunächst nach rechts aus und verdünnt es stärker mit Wasser, je näher er den Wipfeln der Bäume kommt. Auch über diese Fläche zieht er die Abstufung mit sauberem Wasser aus. Anschließend führt er das helle Grau abwärts und fügt eine Spur Karmin hinzu, sobald er sich dem Horizont nähert. Er kehrt nochmals zum oberen linken Teil zurück und trägt ein immer noch helles Grau mit einem leichten Roséstich auf.

Anlage des Himmels...

Als nächstes mischt er ein dunkleres Grau, mit dem er mit langen Pinselstrichen die dicken Wolken darstellt. Aufgrund der Feuchtigkeit verfließt die Farbe langsam und wird gleichmäßig. Fresquet saugt Flüssigkeit ab, wo es nötig ist, und fügt an zu hellen Stellen Farbe hinzu...
"So lasse ich es jetzt", erklärt er dann. "Sonst verderbe ich noch alles."
Er malt mit Ultramarin, Siena und Karmin den kleinen Berg, auf dem sich die Burg befindet... Dann saugt er die Farbe unten wieder ab, um ein rötliches Braun darüberzulegen.
Mit außerordentlicher Schnelligkeit mischt er das Ocker der Bäume aus Siena und ein wenig Grün und neutralisiert es mit Rot oder Karmin, wenn er ein rotstichiges Ocker benötigt, und mit Ultramarin, wenn es einen khakifarbenen Stich bekommen soll. Dieselben Farben benutzt er auch für die Bäume auf der linken Seite, nahe dem Horizont.

... der Bäume.

Sobald Fresquet feststellt, daß das Papier irgendwo zu trocken geworden ist, so daß Brüche entstehen könnten, trägt er rasch gerade soviel sauberes Wasser auf, daß die Farben noch verfließen können.
Fresquet arbeitet hier nach der uns bereits bekannten Methode von Hell nach Dunkel. Das gilt zum Beispiel für die Wipfel der Bäume zur Rechten, für die er zunächst das rotstichige Ocker aufträgt und anschließend die dunkleren Farben darüberlegt, um jene Wirkung zu erzielen, die Sie auf Abbildung 94 erkennen.

Dunkle Töne auf helle.

ZWEITES STADIUM (ABBILDUNG 95)

Wieder in der Naß-in-Naß-Technik, malt Fresquet nun den Boden, die Felder und die Wiesen, den grauen Streifen der Straße etc. Wie immer, beginnt er mit dem Anfeuchten des Papiers mit sauberem Wasser und spart diesmal die Flächen für den Bauernhof, den Bach und das Weiß der Baumstämme aus. Bei dieser Arbeitsphase können Sie beobachten, wie die Farben des Bodens (Felder und Wiesen) miteinander verfließen, während das Papier noch feucht ist, so daß man jederzeit die Möglichkeit hat, etwas zu korrigieren und Farbe abzusaugen oder hinzuzufügen, bevor die Arbeit beendet ist.

Anlage des Bodens.

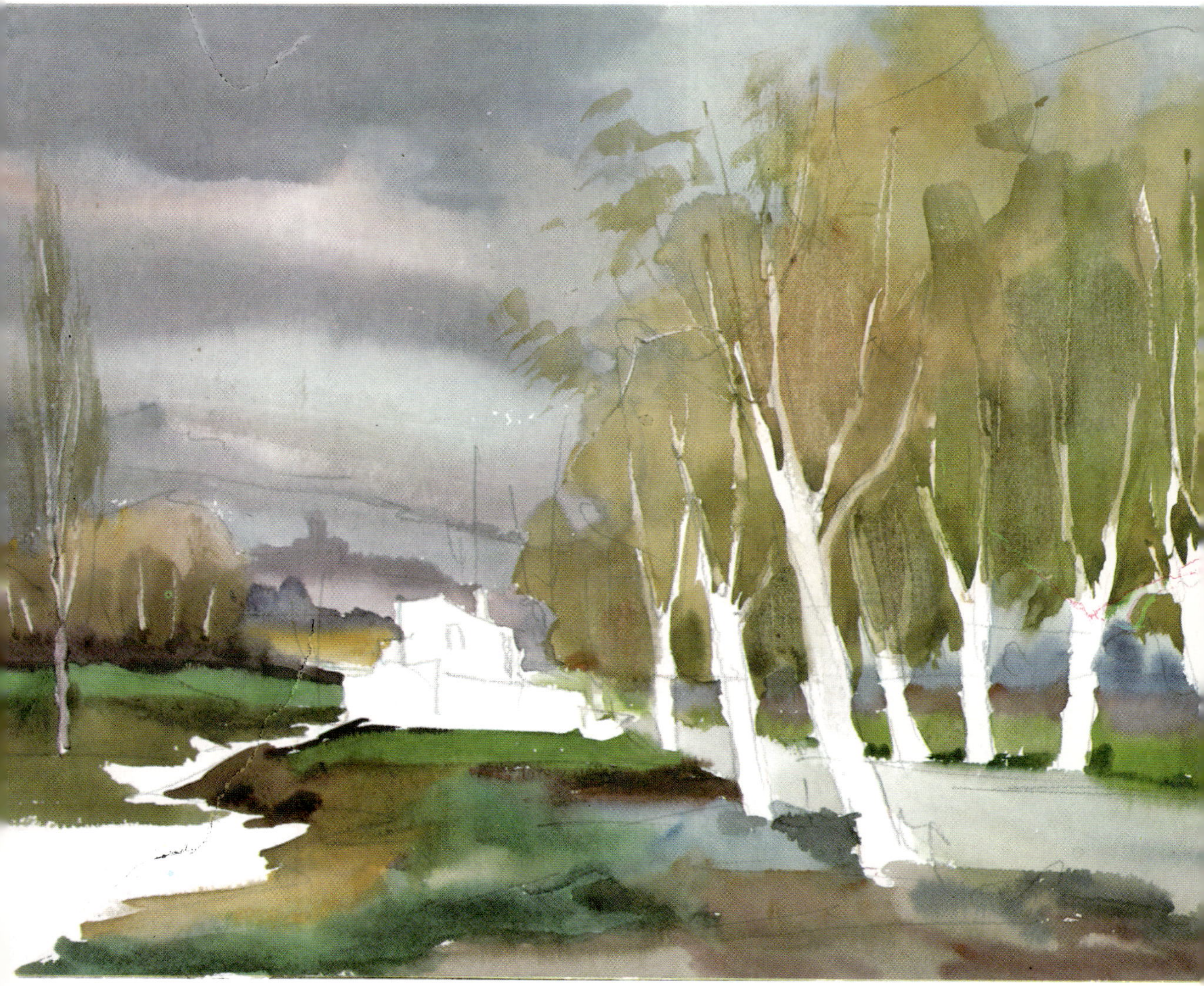

95

DRITTES UND LETZTES STADIUM (ABBILDUNG 96)

Befassen wir uns jetzt mit dem Malen von Wasser und seinen Reflexen. Gleichzeitig werden wir erfahren, wie man auch größere und bedeutendere Wasserflächen anlegt, die zum Beispiel auf einem Bild mit im Hafen ankernden Booten nötig sind.

WIE MAN WASSER UND SEINE REFLEXE MALT

Zunächst eine helle Farbschicht, die die Farbe des Himmels widerspiegelt.

Fresquet erzählt, daß er es sich zur Regel gemacht hat, zunächst eine sehr helle Farbschicht aufzutragen, die für Feuchtigkeit sorgt und die Farben des Himmels widerspiegelt. Erfordert es das Modell, spart er einige völlig weiße Lichter aus; das kommt allerdings selten vor und nur dann, wenn das Sonnenlicht auf der Wasseroberfläche spielt und uns direkt ins Gesicht scheint.

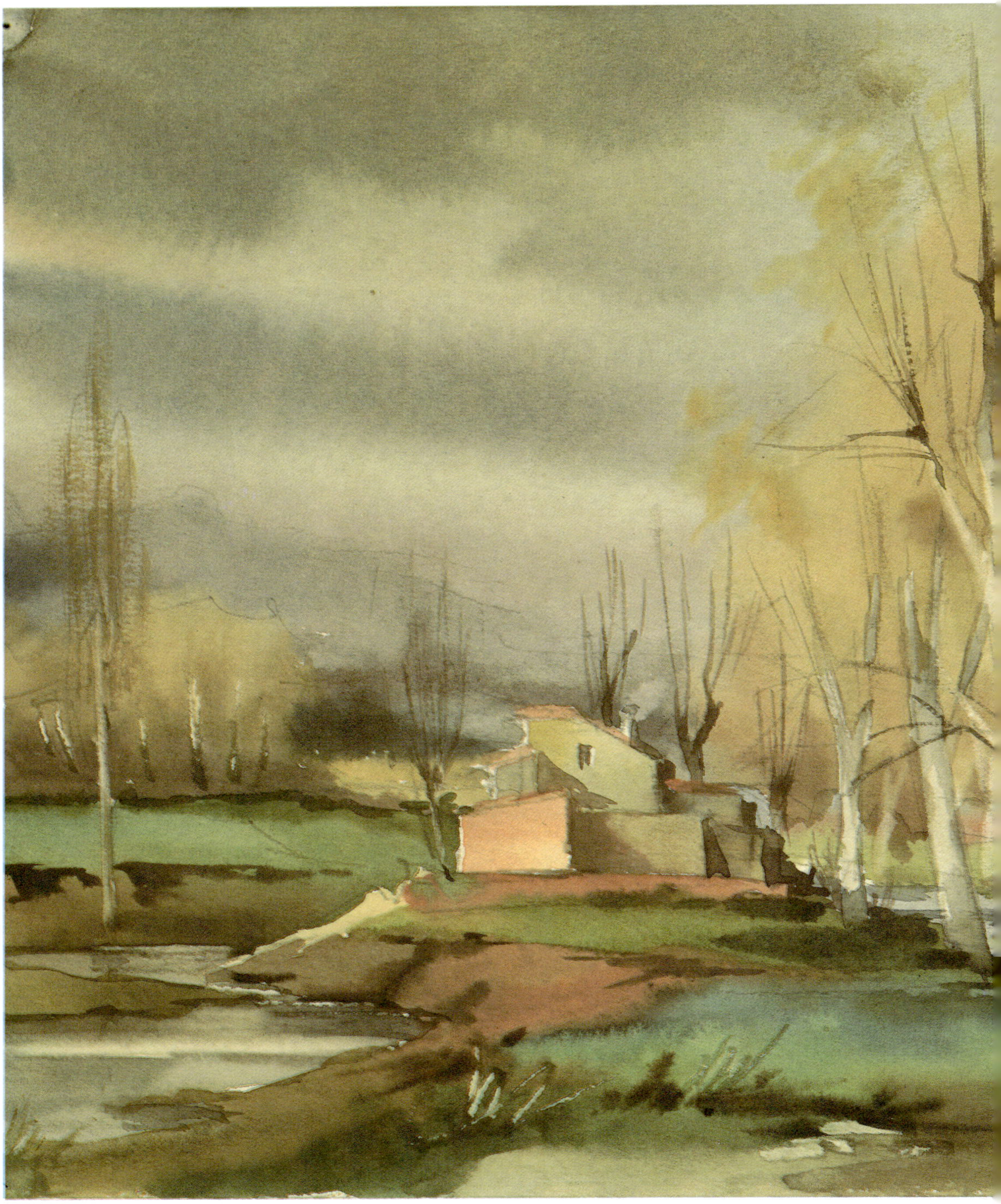

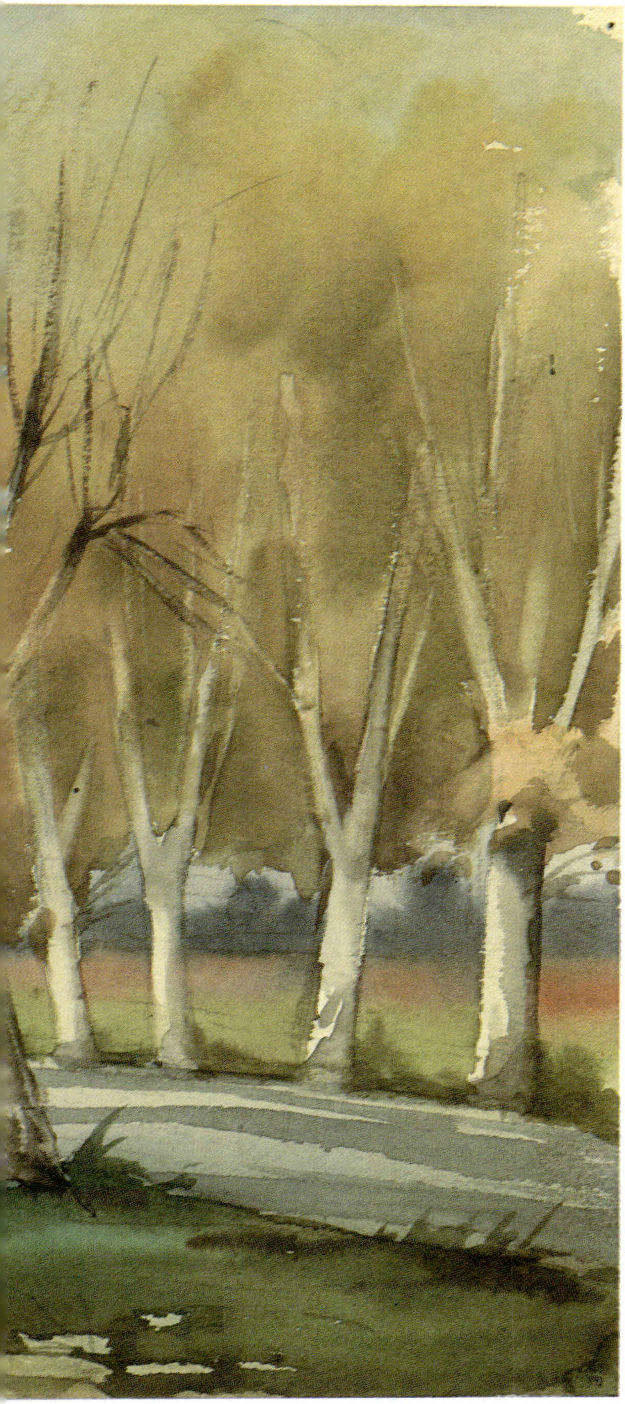

96

Abbildung 96: Hier das fertige Bild, das Guillermo Fresquet als Beispiel für die Naß-in-Naß-Technik gemalt hat. Das Original mißt genau 25 × 32 cm.

Während die Fläche mit der ersten hellen Farbschicht noch feucht ist, trägt Fresquet die dunkleren Töne auf, die den Farben des Himmels entsprechen (hier das Blau, das Grau, die Gold- und die Gelbtöne), damit sie sich im Wasser widerspiegeln. Im Grunde "zeichnet" Fresquet, während er diese Töne anlegt; das heißt, er reproduziert die Formen, die ihm das Modell vorgibt. Es bereitet ihm auch keinerlei Schwierigkeiten, dort Weißflächen zu erhalten, wo er sie zuvor nicht aussparen konnte. Da er Papier von guter Qualität benutzt, lassen sich die Farben so gut absaugen, daß man ein beinahe reines Weiß bekommt. Es wäre jedoch sehr mühsam, wenn Sie – abgesehen vom Problem der Aussparung aller möglichen Flächen und Formen für die Lichter – tausenderlei kleine Tricks anwenden müßten, um die dunklen Formen darzustellen, die das Wasser reflektiert, und am Ende doch kein ausgewogenes Ergebnis bekämen. Ich rate dem Hobbymaler daher, für die weißen Flächen sowohl die Absaugmethode zu benutzen als auch das "künstliche" Weiß aus der Tube einzusetzen. Auf diese Weise bekommen Sie ein weniger "zerhacktes" Endergebnis, das mehr der Wirklichkeit entspricht. Ich wiederhole jedoch, daß sehr intensive Reflexe und Weißflächen ausgespart werden müssen. Die weißen Reflexe, also die waagerechten Streifen im Bach unserer Landschaft, haben wir durch Absaugen der Farbe mit dem Pinsel erhalten. Soweit die Bemerkungen über das Wasser. Kehren wir nun zu dem Bild zurück.

Dann die dunklen Farben, die das Wasser widerspiegelt.

Weißflächen lassen sich durch Absaugen der Farbe mit einem Pinsel erzielen.

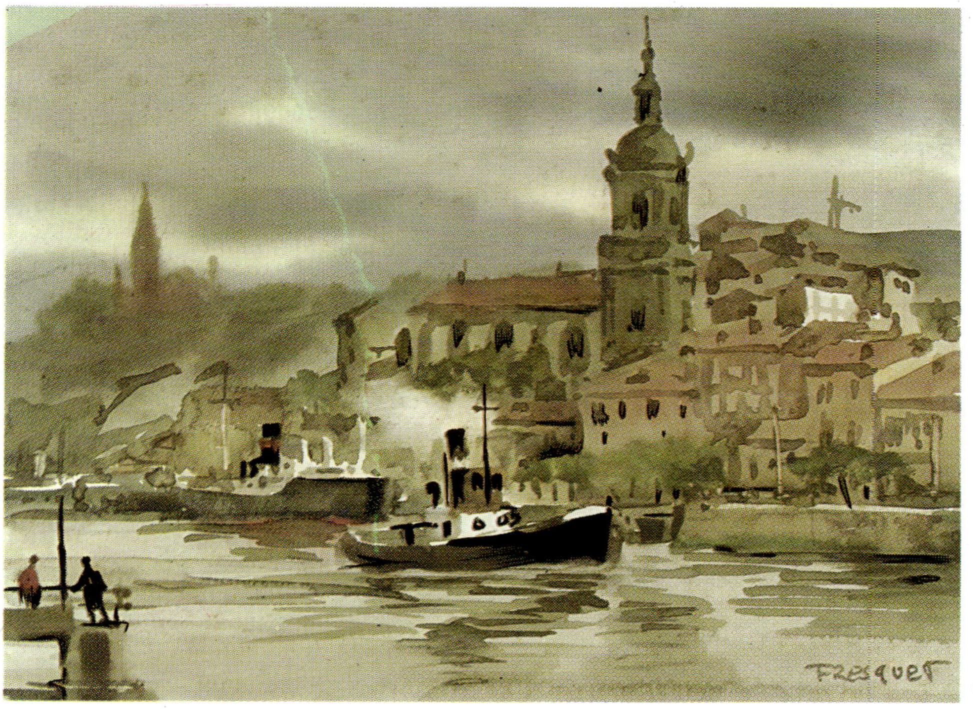

97

ABSCHLUSSARBEITEN

Fresquet legt einen ziemlich schmutzigen Cremeton auf die etwas entfernteren Baumstämme, um mehr Tiefenwirkung zu erzielen. Dann gibt er den Stämmen mit Hilfe von gebranntem Grau die zylindrische Form, läßt bei den beiden vorderen jedoch einen Streifen Weiß als Licht stehen. Die senkrechte Linie und die feinen Zweige in den vorderen Bäumen erhält er durch Auskratzen mit der Pinselspitze.

Im Laufe der ersten Phase malt man manchmal "trocken"

Um den Vordergrund abzuschließen, benutzt Fresquet ein Verfahren, das der Trockentechnik sehr ähnlich ist. Er beginnt mit dem Befeuchten der zu behandelnden Fläche mit sauberem Wasser (ohne mit dem Pinsel zu kratzen oder zu reiben). Wenn die Feuchtigkeit beinahe vollständig verdunstet ist, trägt er die dunkleren Farben auf.

Diese Technik setzt er zum erstenmal für die hellen Töne des Bauernhofes ein und trägt unmittelbar darauf, also während die Farbschicht noch feucht ist, die dunklen Töne auf, um das Volumen herauszuarbeiten. Fresquet hält es für angebracht, jene feinen weißen Linien zur Linken des Hofes stehenzulassen, um dem Gebäude mehr Plastizität zu geben und es klarer vom dunklen Hintergrund mit seinen ineinanderfließenden Farbwerten abzuheben.

Tricks.

Zum Abschluß malt Fresquet in Trockentechnik die sehr kleinen Formen: die dünnen Baumstämme, ihre Schatten auf der Straße, die Linien oder Streifen, die die Wiesen voneinander trennen etc. In manchen Fällen, so bei den hohen laublosen Bäumen hinter dem Bauernhof, verwendet Fresquet – absichtlich oder nicht – einen außerordentlich dunklen Ton. Was er daraufhin tut, ist so einfach, daß man das Verfahren unbedingt kennen sollte: Er fährt ganz einfach mit dem Finger die Linie (in diesem Fall also senkrecht) entlang und entfernt auf diese Weise etwas von der Farbe, um den gewünschten Ton zu erhalten.

Nun bleibt nur noch, die Arbeit auszugleichen, hier und dort etwas Farbe hinzuzufügen oder abzusaugen und eventuell ein paar Stellen mit dem Fingernagel in Weiß "zurückzuverwandeln".

Unsere Arbeit ist beendet. Wir kehren nach Barcelona zurück. Das nächste Zusammentreffen ist für morgen am Hafen von Barcelona vorgesehen. Dort wird Fresquet ein Aquarell in einem Großformat für uns malen.

Bei dem zwischen diesen Seiten eingelegten Blatt handelt es sich um eine Reproduktion in Originalgröße des Aquarells "Der Hafen von Barcelona", das Guillermo Fresquet speziell für dieses Buch gemalt hat. Der Druck erfolgte in Offset auf einem Papier der Marke Torras. Das Blatt soll Ihnen als Vorlage für die Hauptübung dieses Buches zum Thema Aquarelltechnik dienen. Nehmen Sie es heraus, und hängen Sie es entsprechend den auf Seite 104 gegebenen Hinweisen vor sich auf.

EIN AQUARELL IM GROSSFORMAT

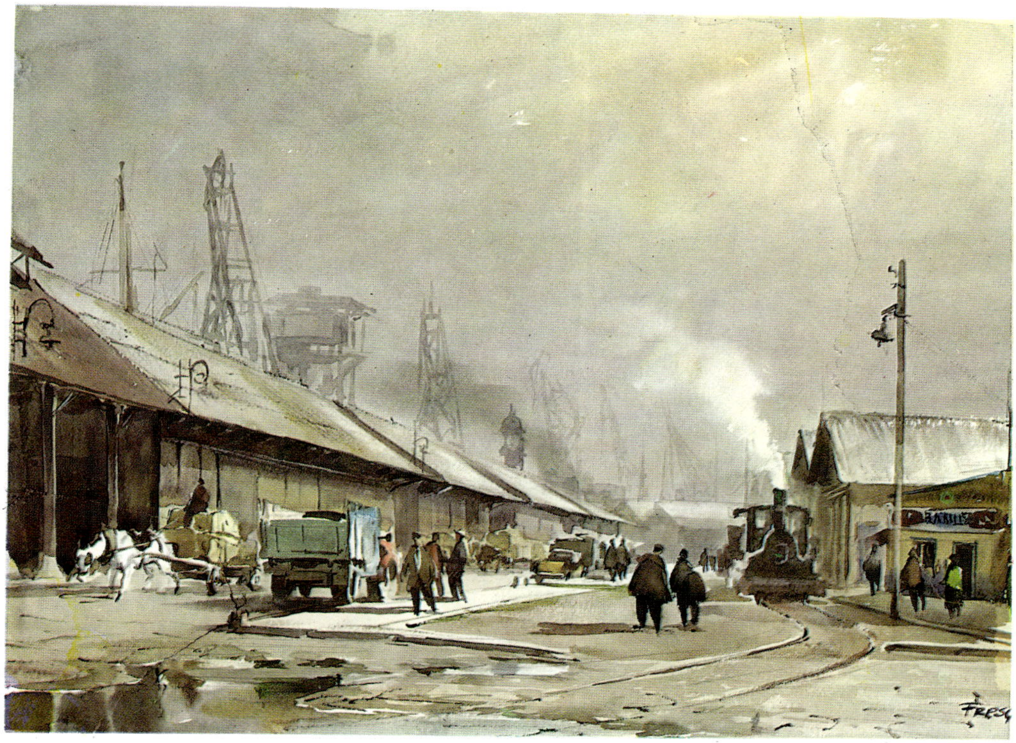

98

Und jetzt folgt die entscheidende Prüfung: Sie werden Guillermo Fresquets Aquarell “Der Hafen von Barcelona” unter Benutzung aller Farben nachmalen.
Sehen Sie sich die Vorlage an. Es handelt sich um eine Reproduktion in Originalgröße auf einem besonderen Offsetpapier. Sind Sie zu dem Versuch bereit? Sehen Sie das eigene Werk nicht schon irgendwo in Ihrer Wohnung gerahmt an der Wand hängen?
Um Ihnen die Arbeit zu erleichtern, haben wir auf den Seiten 108–109 und 112–113 die erste und die zweite Stufe des Bildes reproduziert, damit Sie klar und deutlich erkennen, wie es sich entwickelt hat. Sehen Sie sich die beiden Abbildungen ebenfalls genau an; analysieren Sie sie und verfolgen Sie den Ablauf, in dem Fresquet das Bild hergestellt hat.
Es geht bei dieser Übung also ausschließlich darum, das Werk eines anderen Künstlers zu kopieren. Aber dieses Kopieren stellt einen gewaltigen Lernprozeß dar. Bedenken Sie, daß alle großen Künstler zu Beginn ihrer Arbeit “aus dem Brunnen großer Meister schöpften”, wie Leonardo da Vinci sagte. Erinnern Sie sich, daß Velasquez und Fortuny, um nur diese beiden Meister zu nennen, nach Rom gingen, um die berühmten Gemälde in den römischen Museen zu studieren und zu kopieren. Abgesehen von der Tatsache, daß Sie auf diese Weise die Komposition, die Technik und die Farbgebung eines erfahrenen Aquarellmalers nachvollziehen, haben Sie hier die sehr nützliche Gelegenheit, dem Weg eines Fachmannes Schritt für Schritt zu folgen und seinen Ratschlägen zu lauschen, als stünde er an

Ihrer Seite und führte Ihre Hand. Gehen Sie an dieses "einfache" Kopieren also mit derselben Begeisterung und mit denselben Erwartungen heran, als handele es sich um eine eigenständige Arbeit, und seien Sie sich ständig bewußt, daß sie ein wichtiger Schritt auf Ihrem eigenen Weg ist.
Habe ich wirklich gesagt, dieses Kopieren sei "einfach"? Nun, Sie werden es schon merken: so einfach ist es nun auch wieder nicht.

Die Notwendigkeit, die Arbeit des Künstlers schrittweise zu verfolgen.

ALLGEMEINE HINWEISE

1. Treffen Sie die Vorbereitungen sehr sorgfältig. Sparen Sie nicht am Material. Legen Sie alles so bereit, daß Sie die Übung perfekt durchführen können. Arbeiten Sie auf einem Zeichenbrett aus Holz oder Preßpappe, das groß genug ist, um das Blatt Papier mit zahlreichen Reißzwecken darauf zu befestigen. Dadurch vermeiden Sie Falten und Wellen infolge der Feuchtigkeit. Holen Sie sich ein relativ großes Glas oder einen Krug für das Wasser, besorgen Sie sich einen alten weichen, aber sauberen Lappen, der die Flüssigkeit beim Trocknen des Pinsels nach dem Reinigen leicht aufnimmt. Sorgen Sie dafür, daß Ordnung auf Ihrem Arbeitstisch herrscht. Seien Sie sich stets bewußt, daß es sich um eine wirklich wichtige Übung handelt.

Diese Übung ist wichtig. Bereiten Sie sie sorgfältig vor.

2. Bauen Sie eine Art Stellage auf den Tisch, gegen die Sie dieses Buch lehnen können, um die beiden ersten Stadien des Bildes ebenfalls vor Augen zu haben. Ideal wäre es, wenn Sie die große Bildtafel mit der Reproduktion des fertigen Aquarells, das Ihnen als Vorlage dienen soll, mit Reißzwecken an der Wand vor oder neben sich befestigen könnten. Auf diese Weise hätten sie die Farbgebung der ersten und zweiten Stufe und des Endergebnisses gleichzeitig vor Augen.
Lassen Sie mich aus diesem Rat eine Regel ableiten:

Zum besseren Studium der Farbgebung sollte man die Reproduktionen der ersten und der zweiten Stufe des Bildes und die Vorlage mit der Reproduktion des vollendeten Werkes gleichzeitig vor Augen haben.

99

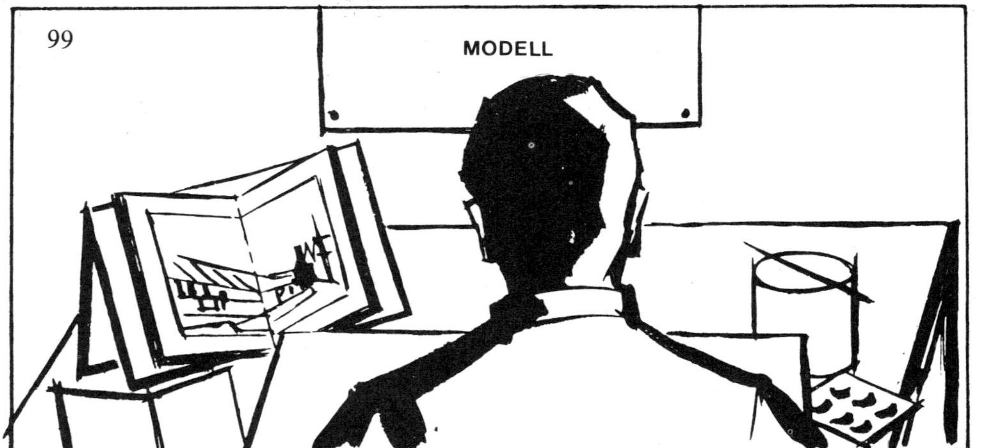

Das Originalformat des Aquarells beträgt 33,5 × 48 cm. Besorgen Sie sich aber ein Blatt Aquarellpapier, das noch etwas größer ist. Um die Arbeit zu erleichtern, rate ich Ihnen, ein Rechteck von 33,5 × 48 cm in die Mitte zu zeichnen. Anschließend schneiden Sie das restliche Papier weg und lassen nur einen Rand von zwei bis drei Zentimetern stehen.
Diese zwei oder drei Zentimeter benötigen Sie, um das Papier mit Reiß-

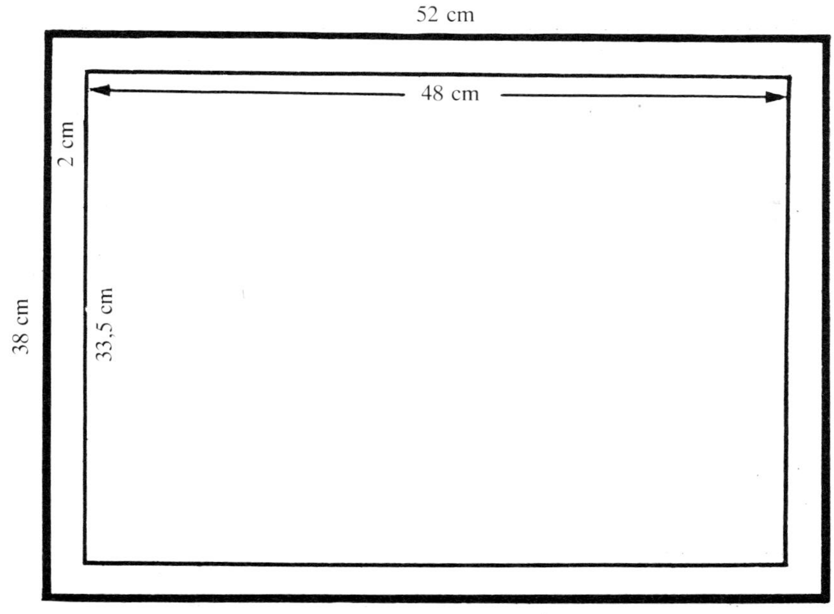

100

zwecken zu befestigen oder mit einem Klebestreifen auf dem Brett zu halten, falls Sie die auf Seite 17 dieses Buches beschriebene Methode bevorzugen.

Tageslicht ist zu empfehlen.

4. Die Übung kann sowohl bei Tageslicht als auch bei künstlicher Beleuchtung durchgeführt werden. Zum besseren Erkennen der Farben empfehle ich jedoch, bei Tageslicht zu arbeiten.

ERSTER SCHRITT: VORZEICHNUNG MIT HILFE DER RASTERMETHODE

Studieren Sie Fresquets Bleistiftzeichnung.

5. Abbildung 101 zeigt eine verkleinerte Version der Bleistiftskizze, die Fresquet als Teil der Kompositionsphase gezeichnet hat. Sehen Sie sich die Zeichnung an. Sie erkennen rasch die Spontanität und die aus Hunderten von ähnlichen Skizzen erworbene Sicherheit, mit der Fresquet arbeitet – Zeichnen lernt man durch Zeichnen. Der Aufbau ist mit einfachen klaren Strichen erfolgt, nirgends finden sich zwei oder drei Striche, wo ein einzelner genügt. So müssen Sie ebenfalls arbeiten oder es zumindest versuchen.

Eine Kopie wie im Museum.

6. Jetzt werden wir eine Kopie der Skizze herstellen, und zwar wirklich professionell, als wären wir in einem Museum und wollten ein Gemälde kopieren. Ihnen ist natürlich bekannt, daß der Berufsmaler die Zeit nicht damit vergeudet, ein Bild direkt nach dem Original zu skizzieren, die klassische Technik, wenn man nach der Natur zeichnet. Er geht nicht extra ins Mu-

seum, um die Zeichnung anzufertigen. Das erledigt er bei sich zu Hause anhand einer guten Reproduktion, die er mit Hilfe von Pauspapier mit einem Raster überzieht. Stünde ihm natürlich die Originalzeichnung zur Verfügung... Nun, wir besitzen sie. Wir können Fresquets Arbeit selbst in diesem Stadium sehr genau kopieren, und das wollen wir jetzt tun.

Überziehen Sie die Zeichnung von Fresquet (Abbildung 101) mit einem Raster, und übertragen Sie sie vergrößert auf Ihr Zeichenpapier.

Vergrößerung mit Hilfe eines Rasters.

7. Die Zeichnung muß völlig korrekt sein, also absolut identisch mit jener, die Fresquet hergestellt hat, und sie muß genau den Maßen des Bildes entsprechen (33,5 × 48 cm).

8. Es ist von entscheidender Bedeutung – und ich unterstreiche es nochmals –, daß es sich bei Ihrer Zeichnung um eine exakte Kopie, eine identische Reproduktion der Vorlage handelt, bei der jede Fläche, jede Linie und jeder einzelne Strich haargenau stimmen muß. Wenn Sie so arbeiten, erkennen Sie, wie ein wirklicher Fachmann arbeitet. Sie begreifen, daß der Künstler zum Beispiel keine Zeichnung herstellen will, die alle Einzelheiten enthält. Er versucht vielmehr, die Formen soweit herauszufinden und zu zeichnen, daß er sie anschließend beim Malen im Detail ausführen und präzisieren kann. Daher rührt die Notwendigkeit der spontanen Arbeit vom Beginn an, die sich nicht in kleinen Linien und später nicht in winzigen Pinselstrichen verzettelt.

Fertigen Sie eine exakte Kopie der Zeichnung an.

9. Das bedeutet jedoch keineswegs, daß man mit der lässigen Einstellung eines unerfahrenen Amateurs, der möglichst rasch fertig werden möchte, planlos an die Arbeit herangeht. Denken Sie also immer daran:

Arbeiten Sie äußerst sorgfältig.

In diesem Stadium darf Ihre Zeichnung keinerlei Fehler im Aufbau, in der Lage der einzelnen Bestandteile und in der Perspektive aufweisen.

Wenn Sie die Basiszeichnung entsprechend der Skizze von Fresquet fertiggestellt haben, können Sie immer noch manche Einzelheiten wie zum Beispiel die Kräne, die hinter den linken Gebäuden aufragen, oder die Winkel oder Umrisse gewisser Bauten stärker ausarbeiten. (Siehe fertiges Bild.)

Vervollständigen Sie die Zeichnung, falls nötig, mit Details.

ERSTES STADIUM: ANLAGE DES HIMMELS UND GRUNDSÄTZLICHE FARBGEBUNG

10. Bevor wir mit dem Malen beginnen, müssen wir uns entscheiden, in welcher Technik wir arbeiten wollen, also festlegen, ob die Naß-in-Naß-Technik oder die Trockentechnik besser zum Stil des Bildes paßt.
Die Antwort ist: die Naßtechnik – aber nicht als unabdingbare Regel, denn wir werden häufig auch das trockene Verfahren anwenden. Wir setzen beide Techniken ein und schaffen damit ein absolut klassisches Aquarell. Sie können es selbst feststellen, wenn Sie die Reproduktion des Bildes in der Originalgröße genau betrachten.

Naßtechnik unter teilweisem Einsatz der Trockentechnik.

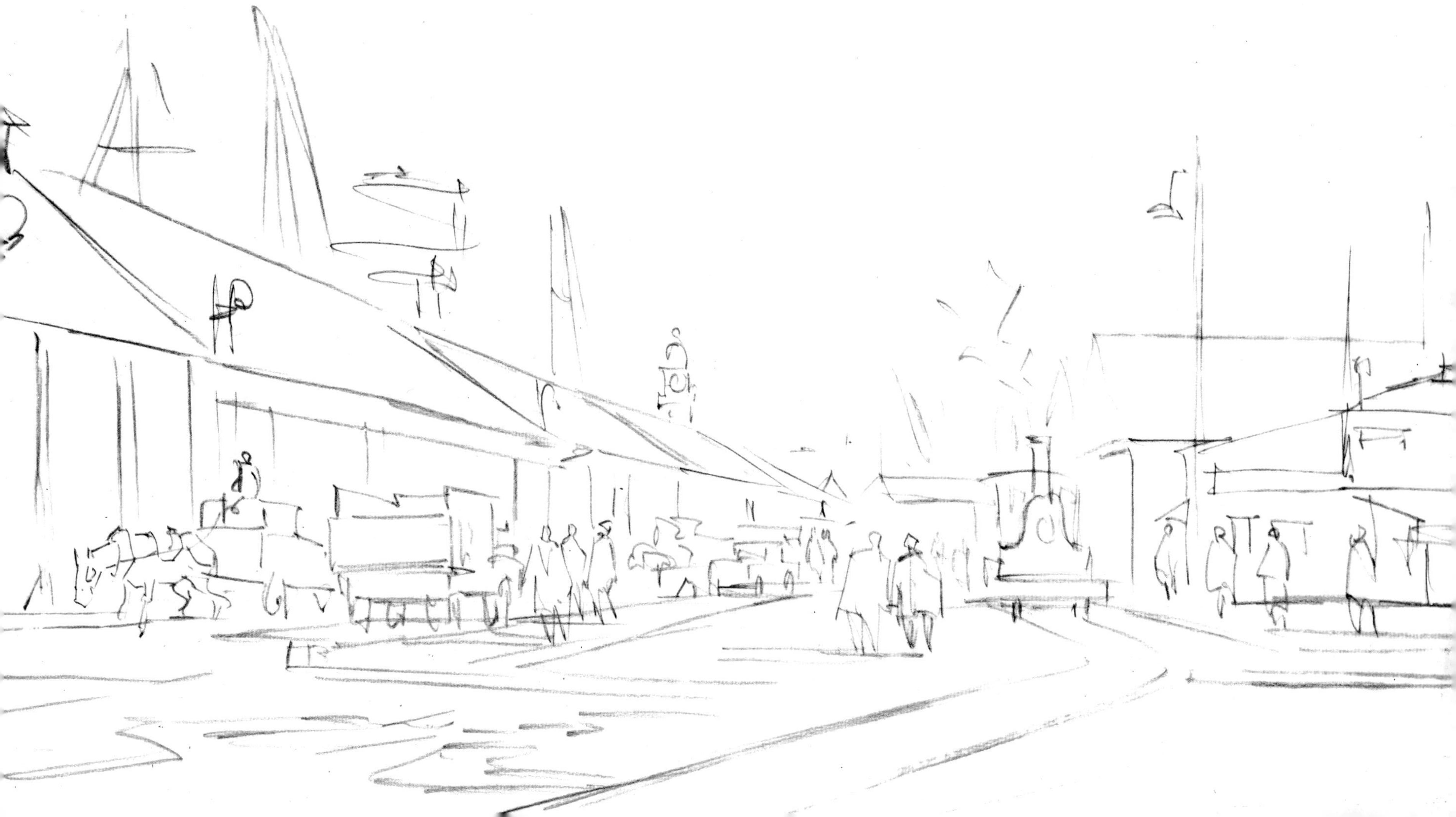

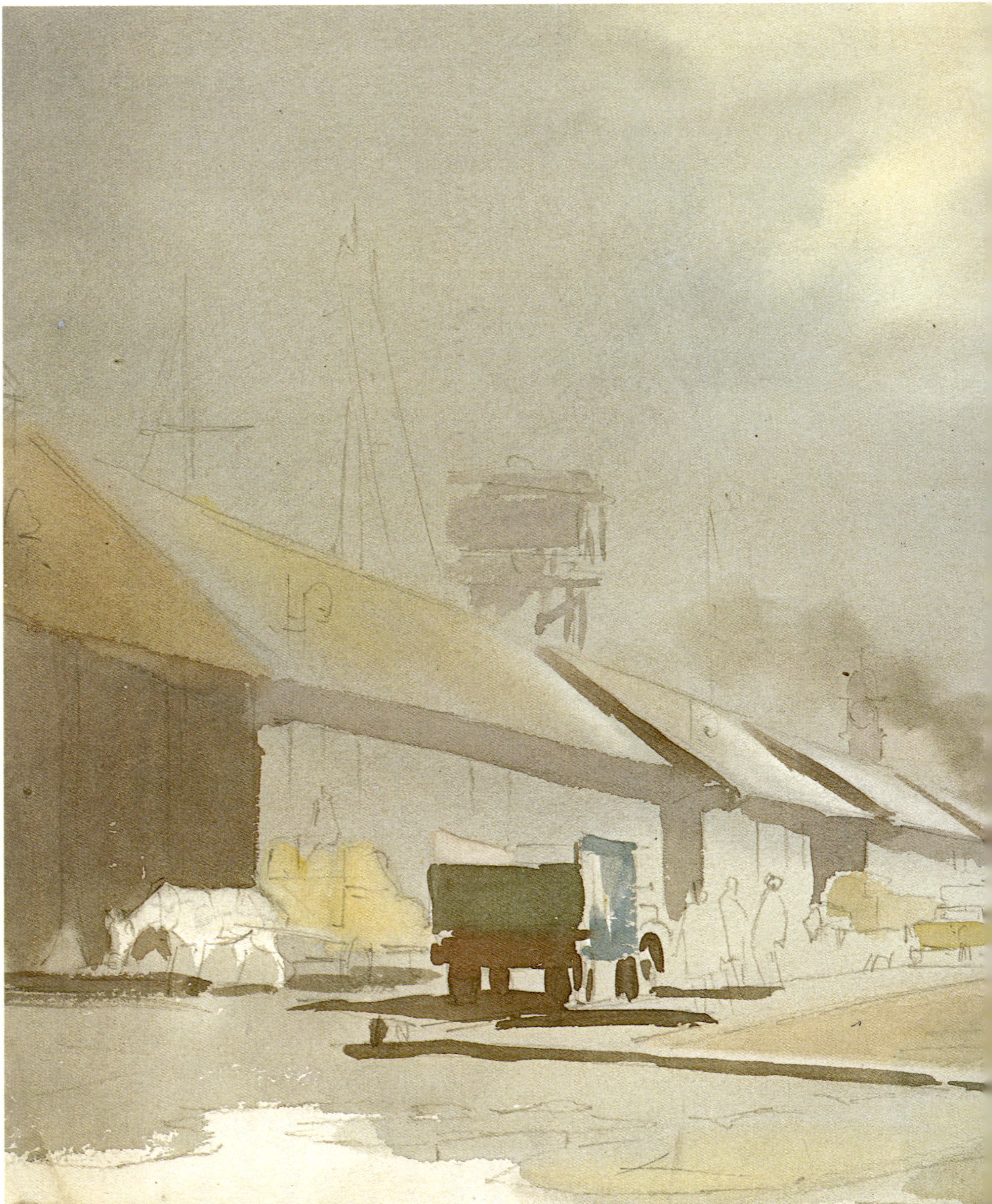

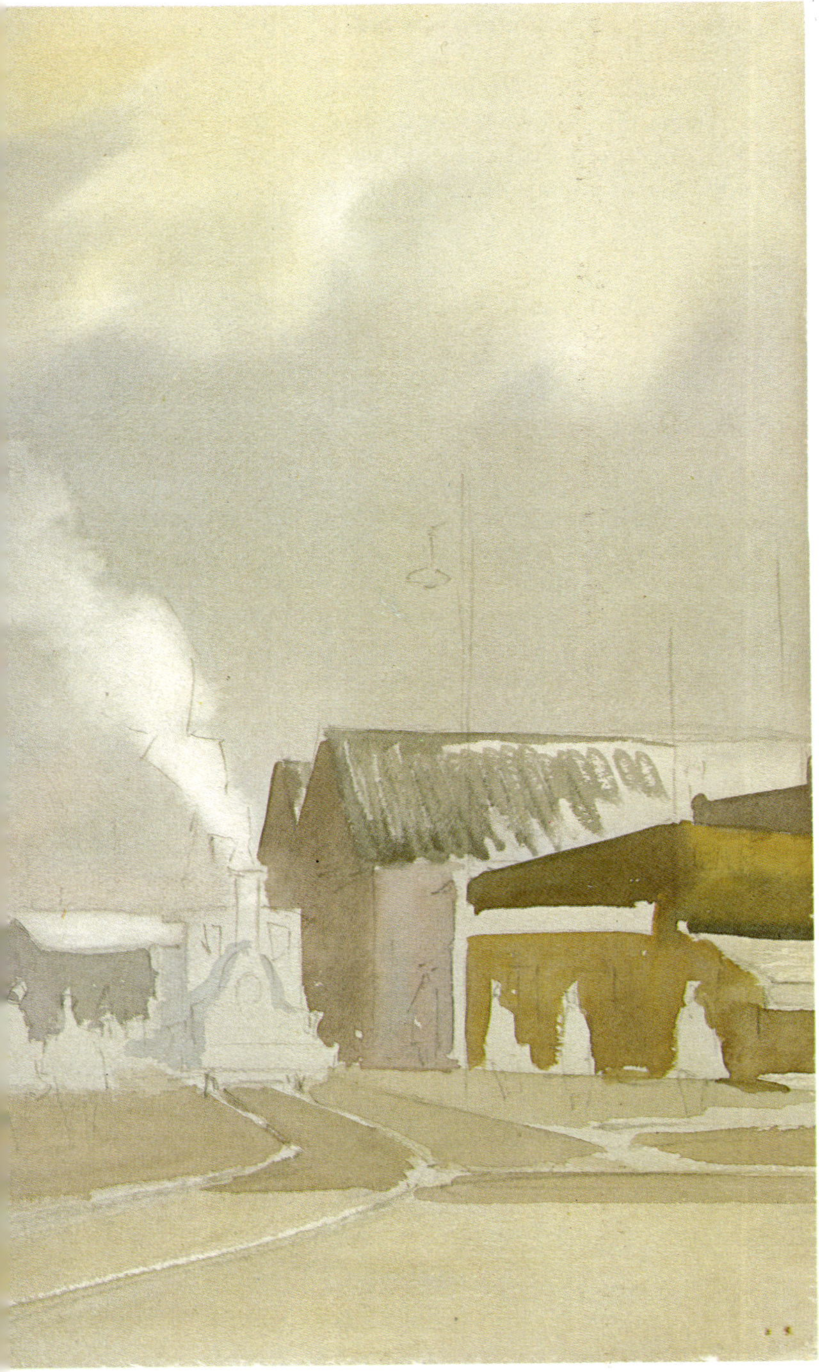

102

Einerseits ist klar ersichtlich, daß der Himmel und einige Formen im Hintergrund in der Naßtechnik gemalt worden sind, andere Flächen und Formen (Schuppen und Dächer, Fahrzeuge und Personen und auch der Wald aus Kränen) jedoch "trocken" angelegt wurden und dadurch trotz der geringen Kontraste aufgrund der Ähnlichkeit der Farben und Töne feste Konturen aufweisen.

11. "Beginnen Sie immer mit dem Himmel", hat Fresquet gesagt. Und dieses Aquarell macht davon keine Ausnahme, schon allein deshalb nicht, weil der Himmel hier eine wichtige Rolle spielt und auf Anhieb gelingen muß. Entweder schaffen Sie es – oder Sie müssen von vorn beginnen.

Zunächst der Himmel.

UND HIER DIE FARBEN

12. Befassen wir uns zunächst mit einem allgemeinen, doch sehr wichtigen Punkt der Farbgebung: dem dominierenden Farbton oder der dominierenden Farbe.

Die dominierenden Farben sind Siena und Blau.

Mischen Sie jetzt Ultramarin (oder Kobaltblau) und gebrannte Siena mit etwas Wasser, erhalten Sie bereits eine Farbe, die den meisten Farbtönen dieses Bildes sehr ähnlich ist: Die Farbe reicht von einem neutralen Grau über ein warmes oder kaltes Grau zu einem stumpfen Blau oder einem graustichigen Siena, je nach Hauptanteil der einen oder anderen Farbe. Mischen Sie die beiden Farben dagegen mit sehr wenig Wasser, erhalten Sie ein dunkles Siena, das dem der Personen und der Schatten entspricht. Probieren Sie es selbst aus.

Dominanten sind Blau und Siena gebrannt.

13. Da wir gerade vom Ausprobieren sprechen: In den folgenden Hinweisen ist davon die Rede, daß diese oder jene Farbe "ganz wenig, wenig oder ausreichend" Wasser enthält, ohne daß genau erklärt wird, um wieviel Wasser oder Farbe es sich handelt. Am sichersten ist es, wenn Sie die Farbe zunächst auf einem gesonderten Papier ausprobieren. Wo dies unserer Ansicht nach nötig ist, haben wir die Flächen für diese Farbmischungen in der Skizze auf Seite 111 oben mit einem Stern versehen.

Probestrich mit Farbe auf Extrablatt (durch Sternchen angedeutet).

ACHTUNG! FEUCHTEN SIE DAS PAPIER UNMITTELBAR VOR BEGINN DER ARBEIT MIT EINEM PINSEL UND SAUBEREM WASSER AN.

Dieser Rat ist sehr wichtig. Benetzen Sie das Papier bis zu jener Grenze mit sauberem Wasser, die in Abbildung 103 durch die dickste Linie gekennzeichnet ist. Auf diese Weise können die Konturen leicht verfließen, wie wir später selbst feststellen werden.

Befeuchten Sie die auf Abbildung 103 angegebene Fläche.

UND HIER DIE FARBEN UND IHRE REIHENFOLGE:

Zum besseren Verständnis des Verfahrens, das wir nun beschreiben, sollten Sie immer wieder die Abbildung 104 aufschlagen und die im Text erwähnten Abschnitte A, B, C etc. eingehend betrachten.

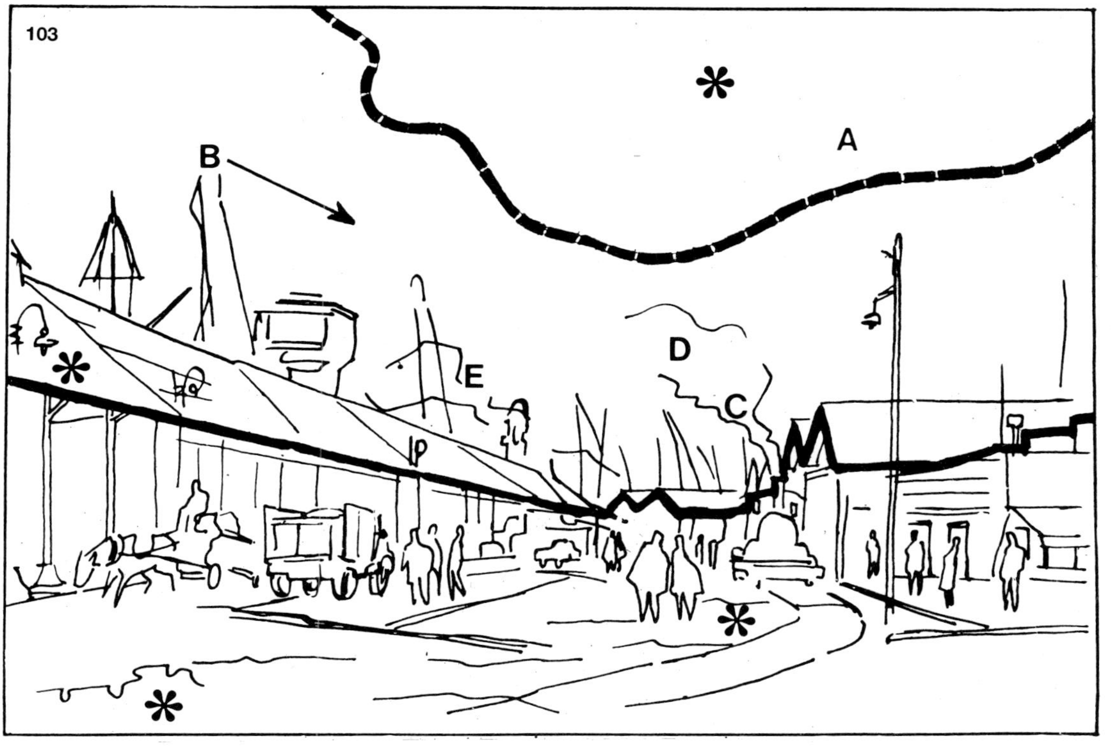

Himmel, Mitte rechts (A): Ocker, Blau und Rot

Arbeiten Sie auf feuchtem Papier – das ist sehr wichtig –, und geben Sie eine gewisse Menge der Farbmischung aus einem Hauptanteil Ocker, wenig Blau und einer Spur Rot in die Mitte der Fläche A . (Vorsicht mit dem Rot. Es ist sehr intensiv und dominiert leicht.) Ist die Farbe aufgetragen, läßt die Feuchtigkeit sie von allein bis etwa zum Rand der Fläche A verfließen (gestrichelte Linie). Die Abstufung muß so ausfallen, daß sich die Farbe mit dem dominierenden Ocker schrittweise zu dieser Linie auszieht.

Himmel, linke Seite und Mitte (B): Kobaltblau und Siena als Grundfarbe.

Abstufung nach Zone A.

Mischen Sie davon eine ausreichende Menge, denn sie ist die Hauptfarbe bzw. die Dominante des gesamten Himmels. Ziehen Sie dieses Sienablau von Punkt B aus, und lassen Sie es mit dem Ocker an der Grenze zur Fläche A verfließen.

Wichtig: die Fläche muß immer leicht feucht bleiben.

Reichern Sie die Farben des Himmels an.

Mischen Sie jetzt ein weiteres Blau, und fügen Sie kaum wahrnehmbare Spuren von Karmin, Rot und Grün hinzu. Das heißt, Blau und Siena müssen ABSOLUT dominieren; die Zugaben von Karminrosa und sehr hellem Grün dürfen wirklich nur winzig sein, damit der Himmel nicht zu ebenmäßig wird und ganz leichte – ich wiederhole: ganz leichte – Farbvariationen enthält, wodurch die allgemeine Farbgebung bereichert wird.

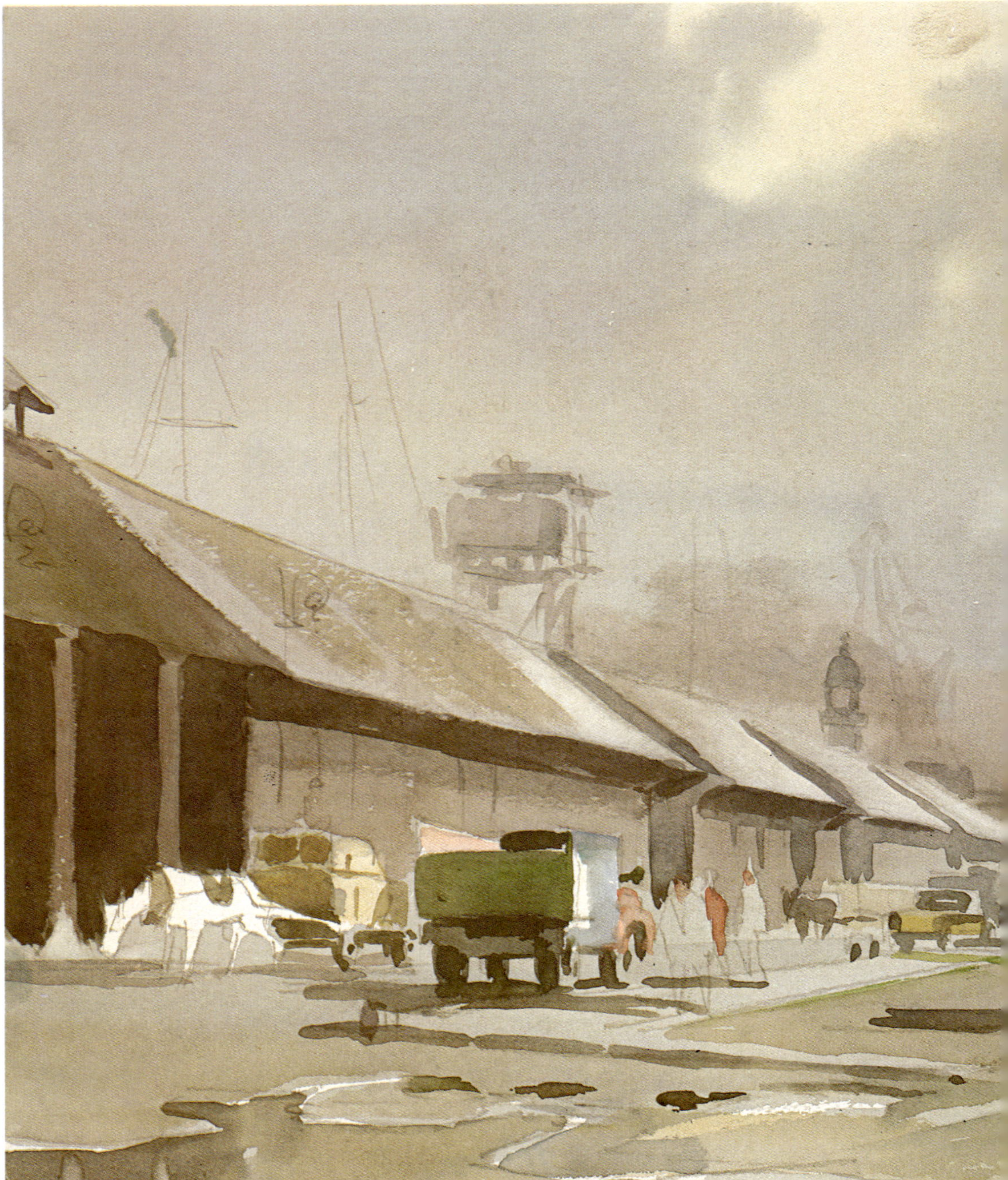

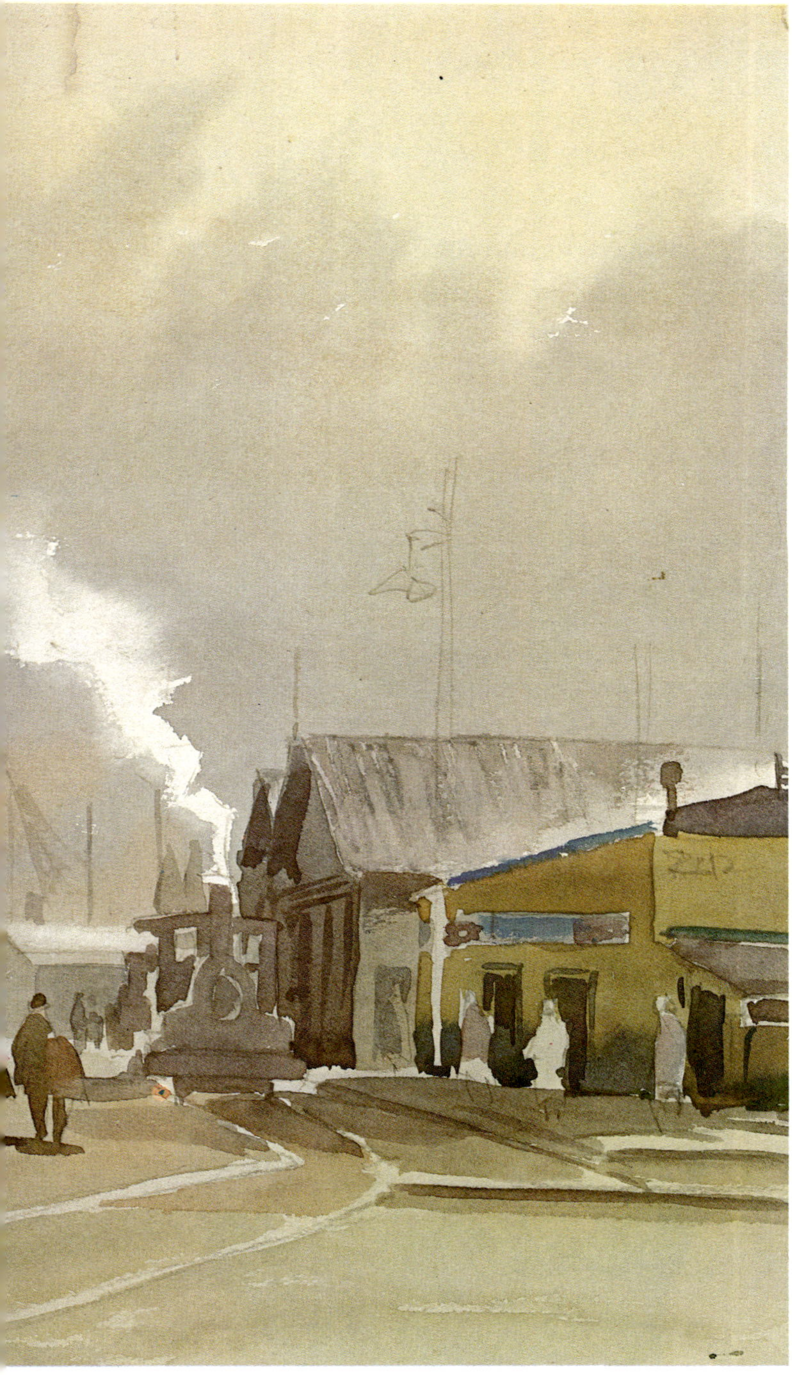

104

Abb. 104: Auf dieser Doppelseite sehen Sie die Farbgebung und die Farbklänge, die Ihr Aquarell nach Abschluß des zweiten Stadiums erreicht haben muß. Vergleichen Sie diese Abbildung mit der des ersten Stadiums und der großformatigen Abbildung des Endergebnisses.

Rauch der Lokomotive (C): Er wird ausgespart. Am unteren Rand ist er von einer festen Linie begrenzt, oben verfließt er mit der Farbe des Himmels.

Erreichen Sie die Fläche mit dem Rauch der Lokomotive, sparen Sie das Weiß zunächst aus, wie bei C erwähnt. Achten Sie darauf, daß es am Ansatz des Schornsteins klar abgegrenzt ist. Ziehen Sie das Sienablau jetzt bei Punkt D mit Pinsel und sauberem Wasser aus, bis der Rauch mit dem Himmel eine Abstufung bildet.

Sparen Sie das Weiß des Rauchs der Lokomotive aus.

Schwarzer Rauch am Horizont (E): Ultramarin und Siena.

Sie arbeiten weiter auf feuchter Fläche und nehmen eine Mischung aus Ultramarin und Siena mit wenig Wasser auf. Malen Sie den Rauch, und lassen Sie den dunkleren Ton aufgrund der Feuchtigkeit mit dem Himmel verfließen.

Der dunkle Rauch entsteht in Naßtechnik.

Unterer Rand des Himmels (Abbildung 106)

Wie auf Abbildung 106 zu erkennen, wird der Himmel von zwei Linien begrenzt. Bedenken Sie dabei folgendes:

Die Linie A (dicker Strich) entspricht dem Rand der Fläche, die wir zuvor mit sauberem Wasser angefeuchtet haben. Die Linie B (gestrichelte Linie) gibt die äußerste Begrenzung an, die das Sienablau des Himmels erreichen darf.

Eine Abstufung am unteren Rand des Himmels.

105

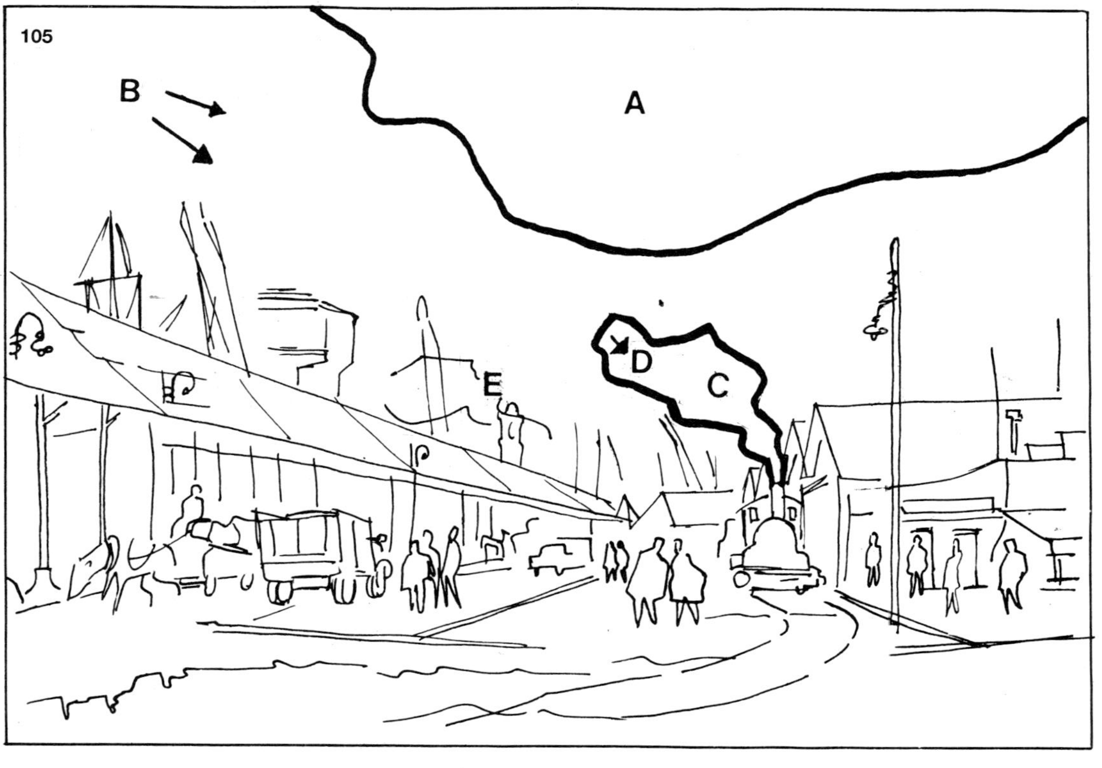

Sie müssen also das Sienablau bis zur Grenze B malen und die Farbe dann bis etwa zur Linie A ausziehen und abstufen, damit sie nicht abrupt endet. Beachten Sie in diesem Zusammenhang die Grenzlinie des Horizonts, die insbesondere in der Mitte ein sichtbareres Ockerrosé in dem Sienablau enthält und an dieser Stelle auch ein wenig heller ist.

Himmel, rechte Seite (F): weiterhin mit Kobaltblau und Siena als dominierende Farben.

Beenden Sie den Himmel auf der rechten Seite mit den obengenannten Farben, und wiederholen Sie das zuvor beschriebene Verfahren.

Abgesehen vom Rauch der Lokomotive wird im Himmel keinerlei Weiß ausgespart.

Mast und Kräne werden auf den Himmel aufgemalt.

Es versteht sich wohl von selbst, daß die Kräne und der Mast für die elektrische Beleuchtung auf der linken Seite direkt auf das Sienablau aufgemalt werden, ohne daß die Fläche dafür zuvor ausgespart werden muß.
Der Himmel ist jetzt fertig? Wie ist er Ihnen gelungen? Sie wissen, er muß jetzt so bleiben, oder Sie müssen ihn noch einmal malen. Für diesen Fall gibt uns Fresquet einen ganz erstaunlichen Rat; er verrät uns quasi einen Berufstrick:

WIE MAN DEN HIMMEL NOCH EINMAL MALT, OHNE EIN NEUES BLATT PAPIER ZU NEHMEN

Gehen wir einmal davon aus, daß Ihnen der Himmel nicht auf Anhieb

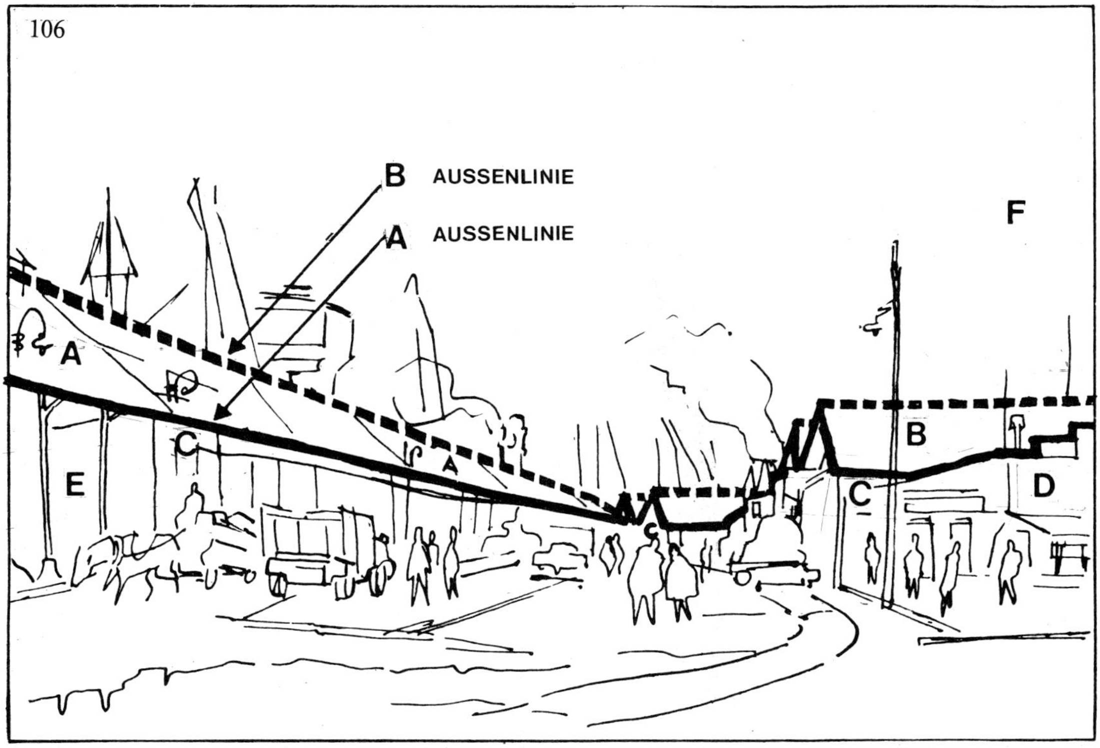

gelungen ist. Es hat Brüche gegeben, Unregelmäßigkeiten, Sie haben zuviel Farbe genommen etc... Und nehmen wir ferner an, daß Sie kein weiteres Blatt Papier zur Hand haben oder sich die ganze Arbeit mit dem Zeichnen der Grundskizze etc. nicht noch einmal machen wollen.

Rettung eines mißlungenen Himmels.

Es gibt eine Möglichkeit, das zu umgehen: Tauchen Sie das Papier so weit in sauberes Wasser, wie es bemalt ist. Zu Hause geht es am besten im Waschbecken; im Freien gelingt es auch in einem Teich oder Fluß. Lassen Sie das Papier abtropfen und trocknen Sie es, und wiederholen Sie den Vorgang, bis das Wasser die gesamte Farbe des Himmels ausgewaschen hat und Sie von vorn beginnen können. "Sie sollten allerdings wissen, daß dieser Trick nicht immer funktioniert", sagt Fresquet. "Er mißlingt, wenn der Himmel mit viel Farbe gemalt wurde oder Sie das Papier zum Auflösen der Farbe so naß machen müssen, daß es sich wellt und damit ein Weiterarbeiten zu schwierig wird."

Dächer auf der linken Seite (Abbildung 106, A): Ocker, Siena, Ultramarin.

Feuchten Sie die Fläche für die Dächer zunächst mit sauberem Wasser an. Tragen Sie ein Ocker-Siena auf und anschließend eine Spur Ultramarin, um das Ocker-Siena abzustumpfen.

Dächer auf der linken Seite (Abbildung 106, B): Ultramarin, Siena, Grün und Schwarz.

Die Grundfarben sind Ultramarin und Siena, wobei das Blau dominiert. Eventuell benötigen Sie dazu noch eine geringe Menge Schwarz und eine noch kleinere Spur Grün. Das müssen Sie selber ausprobieren.

Schatten der Dächer (Abbildung 106, C): Siena mit etwas Karmin.

Sie benötigen ein stumpfes Violett mit einem Stich Siena.

Boden im allgemeinen: Ultramarin, Ocker, Siena, Grün, Rot und Karmin.

Tragen Sie zunächst eine sehr blasse Mischung aus Ultramarin, Ocker und Siena gebrannt auf, um eine etwas schmutzige, cremige Grundfarbe zu erhalten. Fügen Sie anschließend links eine Spur Grün, Siena und Ultramarin hinzu. Tragen Sie diese Farbe auch im Vordergrund auf, und geben Sie hier anschließend etwas Ocker und eine Spur Rot hinzu (eine sehr geringe Menge, nur um einen leichten Roséstich zu erreichen). Arbeiten Sie die entferntesten Flächen aus, und benutzen Sie hier etwas mehr Siena und ein wenig Grün, und stumpfen Sie die Farben, falls nötig, mit Ultramarin ab.

Farben des Bodens: siehe Modellvorlage.

Vorsicht! Beim Malen des Untergrundes müssen die auf der Vorlage ersichtlichen Weißflächen ausgespart werden.

Wände auf der rechten Seite (Abbildung 106, C): Siena, Ultramarin, Grün.

Die Wände der "Bar": Siena, Grün und Ultramarin zum Abdunkeln.

Portikus auf der linken Seite (Abbildung 106, C): Siena, Grün und Ultramarin.

Achtung: die Fläche für das Pferd aussparen!

Lastwagen, Frachtgut, Fahrzeuge im Hintergrund.

Der Lastwagen hat ein dominierendes Grün, das mit Siena abgestumpft wird. Für das Frachtgut auf dem Pferdewagen benötigen Sie Ocker mit einer Spur Blau, um das grelle Gelb des Ockers abzuschwächen.

ZWEITES STADIUM

Zusammenfassung der benutzten Farben.

Ich nehme an, daß Sie unter Verwendung der Farbmischungen des ersten Stadiums jetzt allein weiterarbeiten können. Gewiß ist Ihnen inzwischen längst klargeworden, welche Farben in der künstlerischen Komposition dieses Aquarells die bedeutendste Rolle spielen, nämlich Kobaltblau oder Ultramarin. Je nach erwünschter Helligkeit bzw. Dunkelheit nehmen Sie einen entsprechenden Anteil. Denken Sie in diesem Zusammenhang daran, daß Kobaltblau neutral ist, während Ultramarin immer einen Violettstich besitzt. Beide Farben werden fast immer mit Siena gebrannt gemischt. Auf diese Weise entstehen das blaustichige Grau des Himmels und das dunkelbraunstichige Grau der Personen und Gegenstände des restlichen Bildes. Ferner finden sich an gewissen Stellen Ocker und Grün – das erstere, um einen Gelbstich einzuführen, das letztere, um die Farbgebung anzureichern. Schließlich werden noch Spuren von Rot und Karmin verwendet, um manche Töne etwas wärmer zu gestalten. Schwarz kann notwendig werden, will man ein reines Grau erhalten.
Hier noch einige Beispiele, um das Gesagte zu unterstreichen:

Winden und Kräne: Ultramarin, Siena und Karmin.

Ultramarin und Siena reichen beinahe schon aus. Man kann aber noch eine sehr helle Lasur aus Karminrosa darüberlegen, um den Farben einen leichten Violettstich zu geben.

Personen im Vordergrund: Siena, Blau und Grün.
Seitenwand und Fahrerhaus des Lastwagens: Ultramarin und Karmin.

Denken Sie daran, daß Sie keine ganz reinen Farben verwenden sollten, wenn Sie die blaue Seitenwand des Lastwagens und das rote Fahrerhaus malen. Fügen Sie zum Blau ein wenig Siena und zum Rot ein wenig Grau (also Schwarz oder Hellblau) hinzu, um den Farben das Grelle zu nehmen.

DRITTES UND LETZTES STADIUM (VORLAGE)

Wir sprechen jetzt nicht mehr über die Farben; denn wir sind sicher, daß Sie in dieser Hinsicht keine Ratschläge mehr benötigen.

Wir wollen hier noch einige Hinweise zu manchen Aspekten der Arbeit geben, die zum Abschluß notwendig werden.

Wasserpfütze im Vordergrund:

Denken Sie an Fresquets Rat: Zunächst benötigen Sie eine sehr helle Farbschicht, die die Farben des Himmels widerspiegelt. Anschließend tragen Sie die dunkleren Farben, die die Gegenstände und die Gebäude wiedergeben, auf die noch feuchte Fläche. In unserem Fall handelt es sich um Siena, Grün und Ultramarin, wobei Sie die Lichter, die Formen und die hellen Reflexe durch Absaugen der Farbe mit dem Pinsel erhalten.

Wie man Wasser und seine Reflexe malt.

Der Boden im allgemeinen:

Beim Vergleich der Reproduktion des zweiten Stadiums mit der fertigen Vorlage erkennen Sie, daß der Boden mit zwei, allerhöchstens drei übereinanderliegenden Farbschichten gestaltet wurde. Außerdem können Sie feststellen, daß die dunklen Streifen, die den Schatten entsprechen, in Trockentechnik angelegt wurden.

Striche auf dem Boden in Trockentechnik.

Mast der elektrischen Beleuchtung rechts:

Der untere Teil des Mastes ist von vornherein ausgespart worden. Es kann aber sein, daß trotzdem etwas Farbe auf diese Fläche geraten ist – so etwas kommt vor. In diesem Fall reicht es, wenn Sie die Farbe des Mastes mit einem Dunkelgrau malen und den unteren Teil anschließend durch Absaugen der Farbe mit einem abgetrockneten Pinsel aufhellen.

Weiß des Mastes durch Aussparen oder Absaugen.

Abschlußarbeiten mit verdünnter Chinatinte und Zeichnen mit der Feder.

(Wie Ihnen sicher bekannt, kann die Feder aus einem einfachen zugespitzten Schilfrohr bestehen.)
Wenn Sie Fresquets Aquarell aufmerksam betrachten, erkennen Sie an manchen Stellen dicke, klar abgegrenzte, beinahe schwarze Linien: zum Beispiel in der Kurve der Geleise, am oberen Rand der Häuser, auf den Dächern links, an den Beinen und Hufen des Pferdes etc.
Diese Striche gehören zu den Abschlußarbeiten eines Aquarells wie diesem. Man zeichnet sie im allgemeinen mit Chinatinte und Feder. Die Chinatinte wird mit Wasser verdünnt, damit die Striche nicht zu kräftig werden. Zu diesem Zweck sollten Sie ein Tintenfaß mit der vorbereiteten Farbe bereitstehen haben.
Mit der Feder lassen sich die durchgehenden dunklen Linien ausgezeichnet ziehen. Sollen die Linien gestrichelt oder unscharf werden, wie bei den elektrischen Drähten des Mastes auf der rechten Seite, muß die Feder fast völlig trocken sein.

Abschlußarbeiten mit in Wasser verdünnter Chinatinte.

Signatur und Fixieren.

Was eine Signatur ist, weiß man. Aber was heißt "fixieren"? Im Handel ist ein Fixativ für Aquarelle erhältlich, das vor allem dazu verwendet wird, die Farben brillanter zu machen. In diesem Zusammenhang sei darauf hinge-

Fixierlack für Aquarelle.

wiesen, daß die Farben beim Trocknen ein wenig an Leuchtkraft und Intensität verlieren. (Das macht sich insbesondere bei Farben schlechter Qualität bemerkbar.) Um ihnen die ursprüngliche Brillanz zurückzugeben, verwendet man eine Art Fixierlack. Im Handel sind mehrere Fabrikate (Schmincke, Talens, Watteau etc.).

DAS WAR ALSO DAS MALEN MIT AQUARELLFARBEN

Um ein gelungenes Aquarell anzufertigen, braucht man sowohl das Genie eines Künstlers als auch die Geschicklichkeit eines Handwerkers. Ohne Disziplin und Einhaltung der Spielregeln können Sie nicht ordentlich malen. Beim Malen mit Ölfarben kann man die Arbeit unterbrechen und später wieder aufnehmen. Man kann durch Eile entstandene Fehler in einer späteren Sitzung, wenn man gelassener ist, korrigieren. Beim Aquarell ist das unmöglich. Hier ist Ungeduld verboten. Man muß sich den Gesetzen und Regeln des Aquarells unterwerfen.
Der englische Aquarellmaler Bacon sagte dazu: “Die Aquarellfarben beherrscht man nur, indem man sich ihren Gesetzen unterwirft.”
Aber die Beherrschung dieser Kunst öffnet einem – ähnlich wie das Latein im Abitur – ungeahnte Möglichkeiten, um noch mehr über das Zeichnen und das Malen zu erfahren.
Auch über das Malen mit Ölfarben.

Das Aquarell verlangt Disziplin.